日本人の〈わたし〉を求めて

比較文化論のすすめ

新形信和

新曜社

はじめに

わたしたちは自分のことを指して「私」、「僕」などといいますが、そのときに、この「私」（以下、「僕」などを省略して「私」で代表させることにします）が英語のI（やフランス語のje、ドイツ語のichなど）と同じであると思っているのではないでしょうか。当然のことを何故わざわざあげつらうのだ、と思う人もいるかもしれません。しかし、本当に同じなのでしょうか。

例えば、二人の人物がどこかに行くかどうかという話をしているときに、一方が「行く？」と尋ね、尋ねられた方が「行かない」と答えたとします。これは自然な日本語です。この答えに相当する英語は“I don't go”であり、主語のIを欠かすことはできません。しかし、日本語では「私」をいわないのです。「私は行かない」と答えたとすれば、単に「行く」ことを否定しているのではなく、「あなたは」行けばいいじゃないか、という特別のニュアンスを帯びることになります。

しかし、英語はIがあるからといって、そのようなニュアンスを帯びるということはありません。Iがなければ文が成立しないからあるだけです（「あなたは」行けばいいじゃないか、というニュアンスを帯びさせるには、Iに特別にアクセントを置いて発音するでしょう）。このようにほんの一例をとりあげただけでも、「私」と英語のIには違いがありそうだということがわかるのではないでしょうか。

「私」が英語のIと同じものではないとすれば、Iに相当する日本語は存在しないということになります。この本では、やむをえず、英語のIに相当する日本語を〈わたし〉と表記することにします（〈わたし〉＝英語のI、フランス語ならばje、ドイツ語ならばichということです）。〈わたし〉ということばは主体・主語を意味します。この〈わたし〉は日本の伝統文化のなかでは、どこに、どうしているのでしょうか。ことばが存在しないということは、どこにもいないということなのでしょうか。そうだとするならば、日本人にとって、「私」は存在しても、〈わたし〉は存在しないということになります。

このようにいえば、そうではない、日本語の「私」は英語のIを兼ねているのだと反論する人が必ずでてくるでしょう。例えば、「私」をヨーロッパ語の一人称代名詞に相当する日本語として用いる人もたくさんいるでしょう。しかし、そのような人たちには、普通、ヨーロッパ語の素養があって、「私」ということばのなかにIやjeやichなどのヨーロッパ語の一人称代名詞の響きがこめられているのです。そうではなくとも、「私」をヨーロッパ語の一人称代名詞に相当する日本語とみなすようになったのは、明治以降に西洋文化をうけいれるようになってからのことです。現在では、英語のIと日本語の「私」とは重なる部分（ないし、側面）があるかもしれません。

しかし、いまお話しているのは、そもそもの話です。つまり、本来は、異なった構造をもつ別の働きをしていたことばであるということをいいたいのです。明治以降、日本人は英語やヨーロッパ語の文法を下敷きにしてつくった学校文法によって日本語を解釈しようと努力してきました。その努力はいまでも続けられています。日本語の「私」がヨーロッパ語の一人称代名詞に相当するというのは、そのような解釈の前提にある基本的な誤解です。英語やヨーロッパ語の文法で日本語が解釈できるには、英語やヨーロッパ語と日本語がもっていることばとしての構造が同質でなければなりません。両者が基本的に異質なものであれば、そのような見かたは成り立たないはずなのです。英語やヨーロッパ語の文法を下敷きにして日本語を解釈しようとするのは、英語やヨーロッパ語の構造にも、日本語がもつ構造にも無頓着で無自覚な解釈にすぎないのです。

日本語の「私」を英語の I（フランス語の je、ドイツ語の ich など）と同じものであるとみなすことによって、日本語やヨーロッパ語の基本的構造がわからなくなるばかりではなく、日本文化やヨーロッパ文化そのものがその基本的なところで見えなくなります。ですから、現在、英語の I の働きをこめて日本語の「私」が使われることがあるとしても、この本では、本来の「私」のところにとどまって、両者を異質なものとしてあつかいたいと思います。つまり、日本語の「私」に英語の I の働きがこめられているならば、そのこめられている部分を〈わたし〉とよぶことにして、「私」ということばの使用を避けたいのです。そうすることによって、日本語の本来の「私」の働きと英語の I の働きとを同じ「私」ということばで表わすことによって生じる混乱を避けることができるでしょう。

明治時代以降に身につけた西洋文化と、もともと身につけている日本の伝統文化と、この二つの文化の根底に存在する〈わたし〉のありかたが、わたしたちの内部でどのようになっているのかを見極めようというのがこの本のめざすところです。そのことを思想の問題として検討してみたいと思います。思想ということばは、広い意味で、考えられたものやことを意味します。ですから、思想というのは、ことばで表現されたものであるとはかぎりません。例えば、庭園をつくるときに、どのような庭園をつくるのか、当然考えてからつくるわけです。こうしてつくられた庭園には、考えられたことが、具体的な形をとって表現されています。そういう意味で、庭園も思想の問題とみなすことができます。

西洋文化と日本の伝統文化という二つの文化の根底に存在する〈わたし〉のありかたを検討するということは、いいかえますと、西洋文化の根底に存在するものの見かた・ものの考えかたと日本の伝統文化の根底に存在するものの見かた・ものの考えかたを、〈わたし〉のありかたに即して考察するということになります。

ノーベル物理学賞を受賞した小柴昌俊が、新聞の対談でつぎのような興味深いことを語っているのを読んだことがあります。「自然科学的な認識だけがすべてじゃないのは確かだね。大脳生理学では脳を自然科学的に理解するけど、その場合の対象はあくまで自分という主体から切り離した脳でしかない。認識している主体そのものというのは、科学的な方法では理解できない」(『朝日新聞』二〇〇三年一月一一日朝刊)。

科学を極める仕事をした人には科学的なものの見かたの限界もはっきりと自覚できるのです。これは自然科学についていわれていることですが、「認識している主体そのものというのは、科学的な方法では理解できない」ということばは、自然科学ばかりではなく人文科学にももちろん妥当します。科学的なものの見かたというのは、ものごとを対象として、その外から眺める見かたです。

そのとき、ものごとを外から眺める主体（この本では、「主体」のことを〈わたし〉とよぶことにしたわけですが）は眺められる対象のなかにはいないのです（その外にいるわけですから）。つまり、科学的なものの見かたでは、〈わたし〉（主体）のありかたは決して視界にはいってこないのです。ですから、小柴昌俊は右のように語っているのです。

これまでに国の内外で数多くの優れた日本文化論・日本人論が書かれています。しかし、そのほとんどすべてが科学的な（学問的な）ものの見かたに立って日本文化や日本人を分析したものです。著者が外国人の場合は、外の人間ですからまだいいのですが、日本人の場合には問題が残ります。つまり、日本文化や日本人を分析している当の日本人としての著者の〈わたし〉（主体）は分析される対象のなかにふくまれていないのです。ですから、その点では、外国人が書いた日本文化論・日本人論と本質的に違わないものになってしまいます。日本人だから外国人よりもいくらか事情に詳しいという程度の差があるだけです。

この本でめざしたのは、現代の日本人や日本の文化について考えてみようというさいに、考える〈わたし〉（主体）そのものに焦点をあてるということです。つまり、考える〈わたし〉そのもののありかたを現代の日本人や日本の文化の問題としてとりあげたわけです。読者のみなさんが、それぞれ、自分の〈わたし〉の問題として、読んでいただけましたら幸いです。

目次＊日本人の〈わたし〉を求めて――比較文化論のすすめ

装幀――虎尾　隆

第一章　日本文化と西欧文化における視点のありかたの違い

――桂離宮の庭園とヴェルサイユ宮殿の庭園

日本の桂離宮の庭園とフランスのヴェルサイユ宮殿の庭園は現代のわたしたちにはよく知られた庭園です。この二つの庭園は、十七世紀のなかば、つまり、近世（近代）という時代がはじまるころ、一方はこの日本で、他方は、遠く離れたヨーロッパの地で、それぞれ無関係につくられたものです。

桂離宮の庭園やヴェルサイユ宮殿の庭園に行ったことがあるという人もたくさんおられることでしょう。ひょっとしたら、桂離宮の庭園に行ったことがあるという人よりもヴェルサイユ宮殿の庭園に行ったことがあるという人のほうが多いかもしれません。両方行ったことがあるという人の印象は、ヴェルサイユ宮殿の庭園も壮麗ですばらしいけれども、やはり桂離宮の庭園のほうが心が落ち着くというのが大方のところでしょうか。いずれにしろ、桂離宮の庭園はもちろん、ヴェルサイユ宮殿の庭園も現代のわたしたちにはさしたる違和感を覚えることなく身近に感じられる庭園であるといってよいでしょう。

しかし、これらの庭園がつくられた時代には、桂離宮の庭園は知っていても（もちろん、それは少数の特権階級に限られていたでしょうが）ヴェルサイユ宮殿の庭園を知っているという日本人はほとんどいなかったはずです。そのようなヴェルサイユ宮殿の庭園が現代のわたしたちに身近に感じられるというのは、明治時代以降に日本が本格的に西洋文化を輸入するようになって日本人の精神が西洋化した結果です。

遠いヨーロッパの地で生まれたヴェルサイユ宮殿の庭園にたいして現在のわたしたちが感じる身近さというのがどのようなものであるのか、また、桂離宮の庭園にたいして感じる心の落ち着きがどのようなものであるのか、この二つの庭園を比較することによって考えてみたいと思います。庭園を比較するときには、いろいろな観点からの比較が可能でしょうが、ここでは比較文化という観点から人間のものの見かた・考えかたに焦点をあてて検討してみることにします。

さきほど、二つの庭園は十七世紀のなかばころにつくられた、といいました。正確にいえば、桂離宮の庭園は、後陽成天皇の弟八条宮智仁親王（一五七九―一六二九）とその子智忠親王（一六一九―一六六二）によって一六二〇年頃から一六六二年頃にかけて段階的に造営されました。この時代の日本は、一六四一（寛永一八）年に、三代将軍家光（将軍職一六二三―一六五一）がオランダ人の来航を長崎出島に隔離し、徳川幕府の鎖国政策が完成した時期です。以後二〇〇年以上、日本は長崎の出島を唯一の例外として世界の動向にたいして国を閉ざし、幕末になってペリー提督が来航するまで鎖国政策を続けることになります。

ヴェルサイユ宮殿の庭園は、ルイ十四世（在位一六四三―一七一五）がル・ノートル（一六一三―

一七〇〇）に命じて一六六一年頃から設計と築造がはじまりました。一六六五年までには庭園の主軸が完成、以降十年以上の歳月を費やし一六八八年には庭園全体がほぼ現在の形にできあがったといわれます。この時代のフランスは（他のヨーロッパ諸国も同様ですが）絶対主義の時代です。絶対主義というのは、十六世紀から十八世紀にかけて、封建制国家から近代国家への過渡期の時代にヨーロッパで成立した政治体制をいいます。貴族階級はすでに弱体化し、市民階級は未発達で、国王は、強力な官僚機構と直属の常備軍を支柱とする中央集権的統治体制を整備し、絶対的権力をもって国民を直接に支配しました。ルイ十四世の時代はフランス絶対主義の全盛期です。

桂離宮の庭園（図1）とヴェルサイユ宮殿の庭園（図2）は、それぞれの文化的伝統と歴史的時代のなかでつくられています。二つの庭園の平面図を比べただけでも、桂離宮のほうは非対称の曲線によって構成され、ヴェルサイユ宮殿のほうは主軸を中心にして対称的で、基本的には幾何学的な直線と円で構成されているのがすぐにわかります。自然のなかに存在するのは非対称の曲線であって、直線や円による対称性ではありません。これだけを見ても、二つの庭園における自然と人為の関係にかんする考えかたの違いは明らかです。

自然はそのままでは粗野で無価値なものにすぎない、人為にこそ価値がある、というのが近代ヨーロッパの伝統的な自然観です。ヴェルサイユ宮殿の庭園では、散策路、樹木の成形や配置、池の形や水路の描く線などに見られるように、自然は素材にすぎず、人為が強調されているのです。庭園のなかに数多く見られる噴水は象徴的です。自然の重力に逆らって水を吹き上げる噴水は自然に挑戦する人為の表現そのものなのです（ヴェルサイユ宮殿の庭園の地中にはトンネルが縦横に走っ

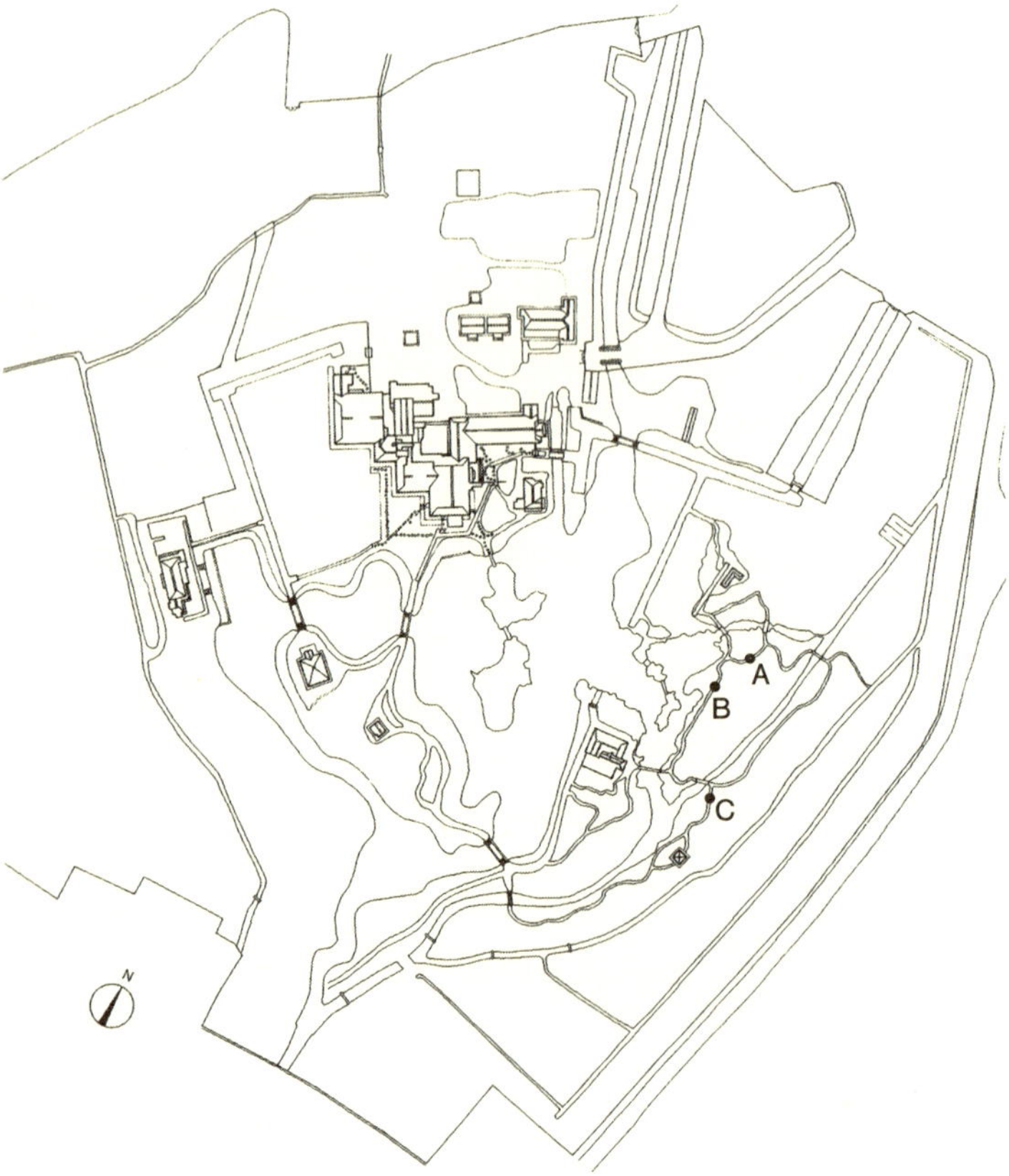

図1　桂離宮の見取図

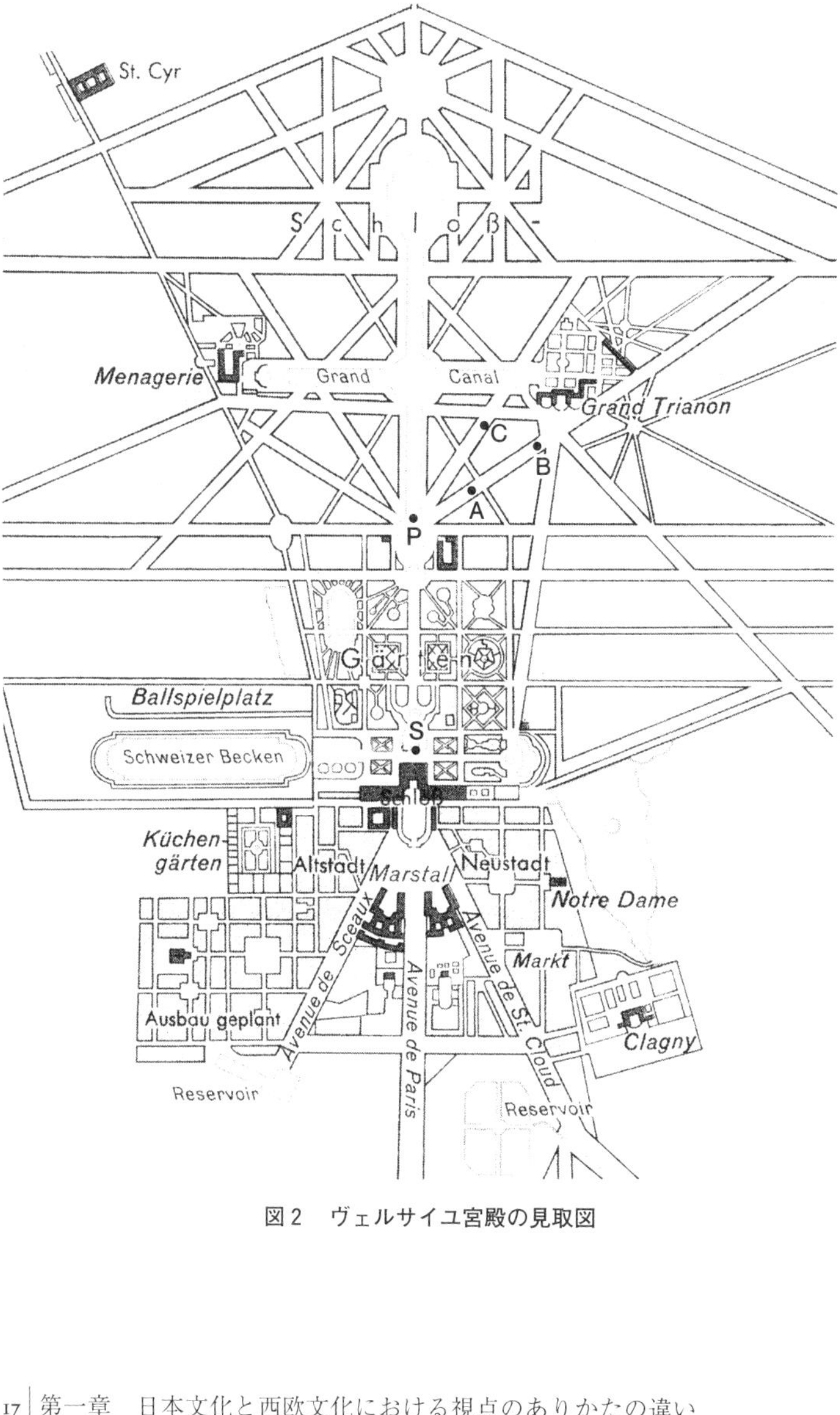

図2 ヴェルサイユ宮殿の見取図

ており、そのなかを導水管が通っています。当時の最新の技術を使って、水源の水面の高さと庭園の水面の高さとの高低差を利用して水を吹き上げる噴水をつくったのです）。同様のことは他の場合にも見られます。例えば、西欧の舞台芸術のバレエのダンサーは、あたかも重力など存在しないかのように軽やかに飛翔します。そのとき、自然を超える人間の営為を強調しているのです。

桂離宮の庭園では、逆に、人為ではなく自然こそが価値あるものです。これが伝統的な日本の自然観です。散策路、樹木の成形や配置、池の形や水路の描く線など、すべてが自然であることを損なわないように人為が加えられています。人為は加えないのではなく、自然に従属するのです。噴水はもちろんありません。あるのは、滝です。水は自然に従って、高い所から低い所に流れます。日本の舞台芸術を代表する能において、演者の歩きかたの基本はすり足です。足の裏が床から離れないようにすって移動するというすり足は西欧のバレエのダンサーの飛翔と際立った対照をなしています。

二つの庭園はこのように対照的に異なった自然観にもとづいてつくられています。桂離宮の庭園は日本で最初の回遊式庭園であるといわれています。回遊式というのは庭園のなかを歩き回るようになっているということです。また、ヴェルサイユ宮殿の庭園も同様です。ルイ十四世は庭園のなかを散策するのを好み、自ら庭園案内を書いているほどです。わたしたちもこの二つの庭園のなかを歩いてみることにしましょう（といっても、想像のなかで歩いてみるわけですが）。それぞれの庭園のなかを歩くとき、わたしたちの視線と、視線が発する起点としての視点（以下、煩わしさをさけるために、視線の意味もふくめて視点という語を用います）はどのようなありかたをしているでしょうか。

桂離宮の庭園の散策路（図3）は曲がりくねっており、路の両側は木立ちにおおわれています。ですから、通りすぎた路は振り返ってもすぐに見えなくなりますし、これから歩いて行く路も見えているのは目の前だけで先のほうはまだ見えません。不意に視界が開けて池や御殿の建物が見えることもありますが、どの地点で見えるのか予想はつきません。図1に示したように、いま仮にA地点に立っているとしますと、B、Cの地点はまだ見えてはいません。B地点にいたるとA地点はもはや見えなくなり、C地点はまだ見えてはいません。そして、C地点にいたれば、A、Bの地点はもう見えなくなります。散策路を歩いていくときに、ある地点と別の地点との関係が遮断されるようにつくられているのです。したがって、ある地点に立っているときの視点と別の地点に立っているときの視点との関係は当然切断されています。

図3　桂離宮の庭園の写真

そのことによって、ある地点に立っているときの時間、および、その地点の周囲に開けている空間（視界）と、別の地点に立っているときの時間、空間（視界）との関係は遮断されます。こうして、時間、空間が断片化されて、非連続になります。このことは、ある地点と別の地点との関係が視点にかんして互いに連絡がなく無関係であるということを意味します。桂離宮の庭園は、このように、分断され限定された時間・空間の内部を視点がさまよい、視点相互の関係を排除するようにつくられているのです。さらにいえば、このように断片化され非連続な視点のありかたは桂離宮という同一の庭園のなかではじめて成立する関係であるという点を見落としてはならないと思います。つまり、断片的で非連続な視点の視点としての自己同一性（アイデンティティ）は、視点そのものによって成立するのではなく、桂離宮という庭園の同一性に依存することによって成立するのです。

ヴェルサイユ宮殿の庭園のほうはどうでしょうか。散策路（図4）は直線が交差しており、路の両側の樹木は垂直な壁のように裁断されています。地点間の関係はどうなっているでしょうか。図2のAからBへ、BからCへと歩いていくことにしましょう。A地点に立っているときB地点は見えています。しかし、C地点は見えません。B地点にいたると、A地点は見えますが、C地点は見えません。C地点にいたれば、A、Bの両地点は見えないでしょう。しかしながら、この庭園が桂離宮の庭園と違うのは、基軸となる特権的な地点S（この地点は宮殿の鏡の間にあります）が存在することです。このS地点を基軸にして（実際にここに立つなり、イメージのなかで立つことによって）、補助地点Pを媒介点にして、AとBはもちろん、BとC、CとAを関係づけることができるのです。

図4　ヴェルサイユ宮殿の庭園の写真

このように、基軸となる特権的な中心点が存在することによって、ある地点に立っているときの視点と別の地点に立っているときの視点の関係が成立し、そのことによって、（基軸となる特権的な中心点から見て）時間、空間が連続することになります。この連続性は、媒介する地点を介して関係づけを行なう過程（これが論理つまり、論証的な思考を理性的にすすめる過程です。桂離宮の庭園では、道理はありえても、論理は成立しないのです）によって保証されます。また、この過程（＝論理）は、原理・原則（基軸となる中心点）にもとづくことによって成立するのです。

ヴェルサイユ宮殿の庭園における視点の自己同一性（アイデンティティ）は、庭園の同一性に依存することによって成立するのではなく、視点そのものの時間的空間的連続性によって成立しています。この点が桂離宮の庭園の場合とは違っているのです。

ヴェルサイユ宮殿の庭園を真似た庭園はまたたくまにヨーロッパ中に広まりました。半世紀ほど後にドイツで造られたカールスルーエ宮殿の庭園（図6）は、ヴェルサイユ宮殿の庭園の理念を最も純粋なかたちで表現している庭園として有名です。この庭園の基軸となる中心点は宮殿に接続する塔（図5のS）にあります。直線の散策路がこの塔から放射状に延びています。ですから、A、B、C地点相互の関係は、この塔に立つことによって媒介点を経ることなく直接に定めることができます。いいかえますと、基軸となる特権的な中心点からは、庭園（自然）のすべてを、さらには、街並（人間社会）のすべてを、つまり、全世界を直接に見透し、見渡すことができるのです（ヴェルサイユ宮殿の庭園やカールスルーエ宮殿の庭園は人間が自然を支配するという発想にもとづいてつくられていますので庭園（自然）の規模は二キロメートルや三キロメートルにもおよぶほど壮大です。それにたいして桂離宮の庭園の直径はわずか二五〇メートルくらいしかありません。自然に

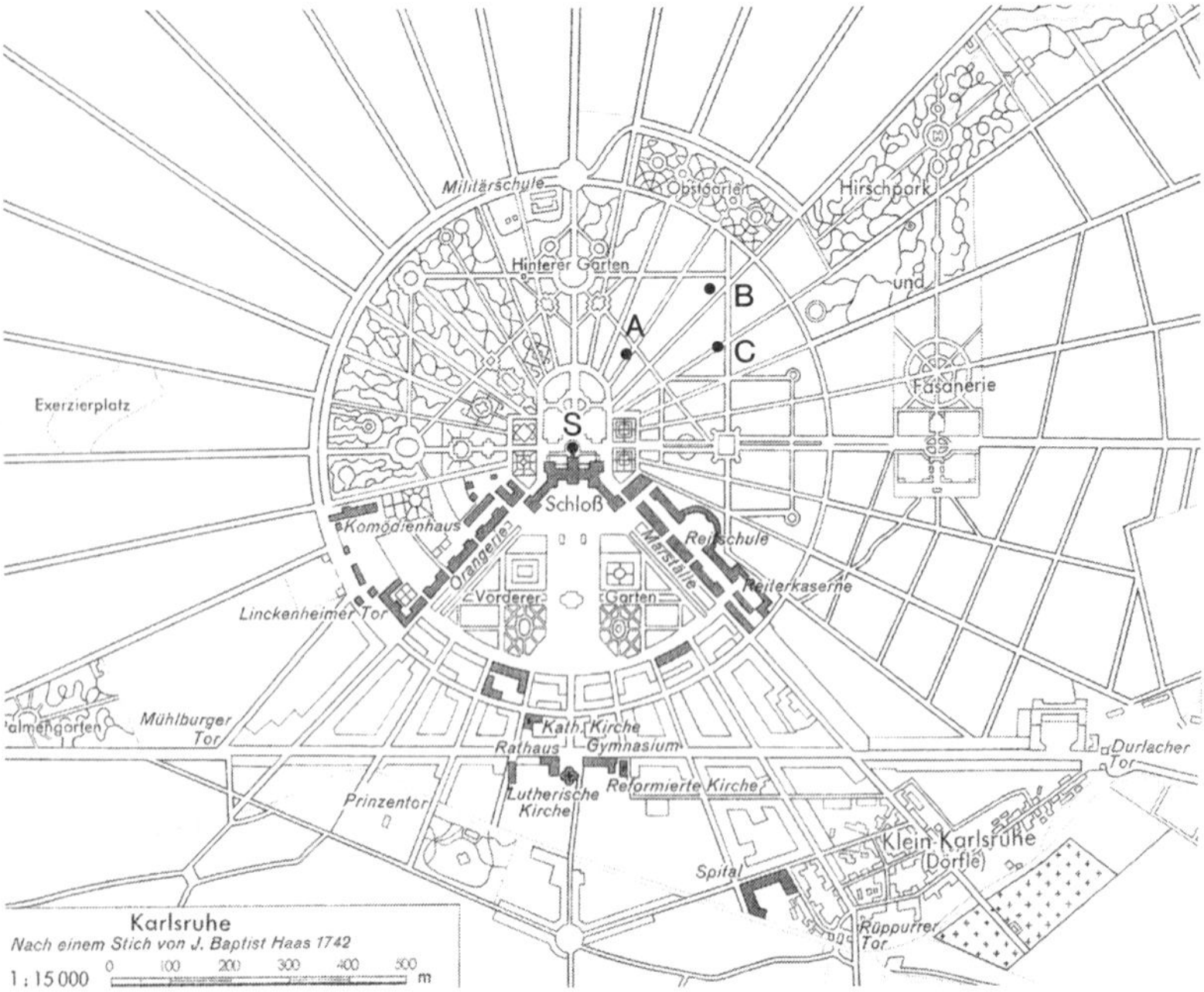

図5　カールスルーエ宮殿の見取図

図6　カールスルーエ宮殿の写真（背後の池のあたりは、イギリス庭園に改造されている）

浸り、そこに溶けこむための庭園には壮大な規模は必要がないのです)。

フランス庭園が絶対主義の時代に成立したことはすでにのべました。このような特権的な中心点に立つことができるのは、政治的には絶対的な権力者である国王です。またこの時代は哲学者デカルトの思想が生まれた時代でもあります。世界を見渡し、見透すこの特権的な中心点は、世界観に即していえば、自然に対して、また、社会に対して、人間が立つ地点でもあるのです。デカルトの思想については、また補論の第一章でお話することにします。

桂離宮の庭園のなかを歩くと、心の落ち着きを感じるだろうとのべましたが、それは視点が遮断され断片化されることによって自然のなかに浸る(溶けこむ)ことができるようになっているこのような庭園の構成に由来するものでしょう。また、ヴェルサイユ宮殿の庭園の構成に共鳴することができるのも、西洋化した現在のわたしたちが庭園のなかの視点のありかたにすでに馴染をもつからではないでしょうか。

ヴェルサイユ宮殿の庭園においては視点が時間的、空間的に連続していること、それにたいして、桂離宮の庭園においては視点が互いに遮断され、時間的、空間的に断片化されていることについてのべました。桂離宮の庭園におけるこのような視点のありかたは実は庭園に限ったことではなく、日本の文化そのものの基底に存在しているものです。つぎに、そのことについてのべることにします。まず、空間的に(だから、時間的にも)断片化された視点についての話からはじめます。

日本の絵画の事例をとりあげてみます。日本の絵巻は古くは中国から入ってきたものですが、平安時代の半ば頃には和風化して、日本独自の絵巻が成立したといわれます。途中、盛衰の歴史をた

洛外図」

どりましたが、現在でも日本画家たちによって描かれています。「源氏物語絵巻」、「伴大納言絵巻」、「信貴山縁起絵巻」など平安時代の後期から末期につくられたものが有名です。
　絵巻は縦幅が三〇センチ前後、長さは長いものでは一五メートル近くにもおよぶ巻物形式の絵です。それを左手に持って繰り広げながら、右手で少しずつ巻き取っていき、左右の手のあいだで右から左へと展開する絵を鑑賞するわけです。しかし、画面そのものは左から右へ流れていきます。千野香織のいうように、「鑑賞の時間において、右手は過去であり、左手は未来」です。「既に見た画面は右手の中に巻き込まれてしまい、これから見る画面はまだ左手の中に

図7 「洛中

あって、どちらも、現在の時点では見ることができない」のです（「絵巻の時間表現――瞬間と連続」『日本の美学』第二号）。

過ぎ去った光景はすでに見えない、これから現われるであろう光景はまだ見えない、見えているのは、ただ、現在の光景だけであるという、この空間的時間的構造は、桂離宮の庭園の構造と全く同じです。違うのは、庭園のほうは、風景のなかを視点が移動するのにたいして、絵巻では、移動するのは視点のほうではなく、光景のほうであるということです。桂離宮の庭園において視点相互の関係が非連続であったように、絵巻においてもその関係は非連続です。眼がほとんど固定しており、わずかに動くだけなので、視点が連続しているように思えるかもしれませんが、そうではないのです。このように視線が目の前に展開する画面だけに常にむかっているような視点、つまり、過去はすでになく、未来はまだない、あるのは現在のみであるという視点のありかたには視点相互の関係は成立しようがありません。逆にいえば、視点相互の関係が切断されており非連続であるから、視点は常に現在の光景のなかだけにいることができるのです。

断片化された視点のわかりやすい事例として「洛中洛外図」をとりあげてみましょう。洛というのは京の都のことで、俯瞰的に見た京都の市中と市外の建物や人々の生活を屏風絵に仕立てたものです。室町時代末から江戸時代初めにかけて盛んに描かれました。写真（図7）に見られるように、それぞれの光景は他の光景から遮断するために金雲で仕切られており、独立しています。周囲を金雲で覆い隠すことによってそのなかの光景はスポットライトをあびたように浮き上がって見えます。金雲はまた、ひとつひとつ断片化された光景をつなぐ働きもしています。このようにして、それぞれの光景を見る鑑賞者（あるいは、描く画家）の視点は、他の光景から遮断され断片的になります。ある光景を見る視点と他の光景を見る視点との関係は連続してはいません。「洛中洛外図」は、いわば、それぞれ別の非連続の視点によって見られた断片的光景を金雲でつないだモザイク画なのです（洛中洛外図については、いまはこれだけにして、第三章でまたふれることにします）。

つぎに現在の日本の雑然とした街並みを見てみましょう。西洋式のマンションのビルの隣に和風の家が建っていたり、ビルとビルとが互いに何の統一もなく思い思いのたたずまいで並んで建っています。建物の並びかたは雑然とした断片の寄せ集めにすぎません。西欧の都市の整然とした街並み――その典型はパリでしょう――とは対照的です。どうしてそうなるのかといえば、都市計画や法律の問題がもちろん基本にあるわけですが、日本のビルの完成予想図を見るとよくわかります。工事中の敷地の塀にこのビルが完成するとこのようになりますという外観図が掲げてあります。その視野に入っているのは当該ビルだけで、隣接する建物や街並み全体との関係には無関心です。

ちなみに、市街地図のことをドイツ語ではPlanといいます。このPlanに町や市を意味するStadtがつきます（Stadtplan）が、Planという語は英語と同じで、計画、設計図を意味することばです。ドイツ（やヨーロッパ）の番地は、名前がつけられた街路の左右の一方は奇数、他方は偶数で、中心部に近いほうから順番に数字がうたれています。ですから、市街地図の街路名の索引で調べてその街路に行けば目的の番地はすぐに捜しだすことができます。日本では地図を持っていてもはじめて訪問する家を捜すのは容易ではありません。何丁目、何番地まではどうにか行き着いても、その下の号の数字が土地を分筆した順番にしたがってつけられており、整然とは並んでいないからです。数字に計画性がなく断片的で非連続なのです。

日本文化にはいたるところで「見立て」の手法が見られます。桂離宮の庭園の池は大海に見立てられているのであり、砂利石が敷かれた岸辺は洲浜に、突き出た石の構築物は天橋立（図8）に見立てられています。このような見立てが成立するのは、池の水や砂利や石の構築物を見ながら、見る眼が実際の海や洲浜や天橋立（図9）のところにまで飛翔することができるからなのです。断片化された視点は、確固とした根拠をもっているわけではありませんから（根拠をもっていれば、視点は断片化しません）、自由に飛翔し移行することができるのです。鉢植えの小さな盆栽に愛着を

図８　**桂離宮の庭園の池のなかの天橋立**（右に州浜、左に松琴亭が見える）

図９　**「天橋立図」**（部分）

図１０　**四腰掛**

もつのも、それを大自然のなかの大木に見立てているからです。鉢植えの盆栽を見ながら大木の木陰で安らかに憩う気持になれるのです。あるいは、刺身のお造りに使われる舟や海草や貝殻なども、獲れたての新鮮な魚を浜辺や舟の上で食べている気分になれるように添えられているのです。庭園から日常生活まで、日本文化には見立ての手法が浸透しています。

断片化された視点は、また、互いに正視しあうことを回避します。確固とした根拠をもたない視点は不安定ですから正視したり正視されたりすることに耐えられないのです。桂離宮の庭園には山道の途中に四腰掛《よつこしかけ》（図10）というベンチがあります。このベンチは腰掛の部分が卍型に配置されており、腰を下ろした人たちが互いに目を合わせずにすむようになっています。日本文化は正視しない文化であるといわれますが、それは断片化された視点に由来するのではないでしょうか。このことについては、また第三章でのべることにしましょう。

つぎに時間的に断片化された視点についてお話する順番です。日本には年号（元号）というものがあります。もうだいぶ昔の話ですが、あるとき大学の控室で同僚の年配の日本史の先生と雑談していたことがありました。そのとき以前からいだいていた疑問を思い切ってぶつけてみました。疑問というのは、例えば、江戸時代の寛永十八年から見て鎌倉時代の弘安四年は何年前のことかを知りたいときにどのように計算するのか、何か物差しがあるのでしょうか、というものでした。答えは物差しはないということでした。先生はさらにいいました。「驚いたなあ、そんな質問をうけたのははじめてだよ」。わたしのほうは、その先生が驚いたということに驚いてしまいました。

所功著『年号の歴史』(雄山閣)が出たのはそれからまもなくのことです。この本によって歴代の年代年号の暗誦歌があることを知りました。そのほんの一部を挙げてみると、「文武十一　先四年、大宝三年　慶雲四。元明七年　是《これ》和銅。……」(文武天皇の在位年数は十一年で、在位四年を経て、大宝という年号が三年、慶雲という年号が四年続いた。つぎは元明天皇で在位は七年、その年号は和銅である。……)というふうです。このやりかたで最初の年号である大化から当代にいたるまで、天皇の名前および在位年数と年号を延々と暗誦したというのです。

日本の年号は、最初の大化から江戸時代の終わりの慶応まで数えてみると約千二百二十年間に二四三あります。平均すると、ほぼ五年で別の年号に替わっている計算になります。ある年号のなかに生きている人にとって過去の年代はちょうど絵巻の右手の巻き取られたなかに消えていくように忘れられていき、未来はまだ存在してはいません。存在するのは現在だけです。大化の昔から日本人はこうして断片化された時間のなかで生きてきたのであり、過去を全体として見渡す必要を感じなかったわけです。

年号(元号)は現在もあります。明治になって、日本が世界のなかで生きる時代の到来とともに、一世一元制になりました。一代の天皇には年号は一つにするというわけです。さすがに、昔のように、対馬より金が献上された、めでたい、武蔵より銅が献上された、めでたい、天変地異があった、不吉だ、疫病がはやった、不吉だ、などとそのたびに年号を改めていては、西洋諸国とのつきあいをやっていけなくなったのです。しかし、一世一元でも、やはり不便です。いつも西暦に換算して計算しなければなりません。この換算も、必要に迫られて、やむをえず、便宜的にやっているのであり、年号（元号）そのものがもつ短所であるから、統一的な物差しをつくるべきだという考えはなかなかでてこないようです（最近、いくつかの政令都市で西暦を併記するようになったようですが）。

数年まえに亡くなった小渕恵三元総理大臣は西暦二〇〇〇年のミレニアムを記念して二千円札を造ることを思いつきました。それよりも十年ほどまえのことです。一九八九年に昭和天皇が亡くなりました。当時この人は官房長官を務めていましたが、次代の天皇のために新しく決められた元号である〈平成〉という文字の書かれた紙を捧げ持って、テレビの画面のなかで、にこやかな笑顔をうかべていた姿をよく憶えています。当時、元号は不便だから、西暦に変えてしまおうという意見もありました。それにたいして、日本はキリスト教の国ではないのだから、西暦ではなく日本の伝統である元号を用いるべきである、という反論が声高に主張されていました（もっとも、同じ議論は、さらにその十年まえ、一九七九年二月に国会で強行採決によって成立した「元号法案」をめぐる時期のほうが盛んでした。ちなみに、このとき成立した「元号法案」にしたがえば、公務員――総理大臣だって公務員です――は元号を用いる義務を負っているはずなのですが）。

元号（年号）というのは、中国から入ってきたもので、天子（天皇）が時間を支配するという思想にもとづいています。現代の、すべてがグローバルな連関のなかでめまぐるしく移り変わる時代のなかで、日本はこのような思想にもとづく元号を固守しようと頑張っているわけです。ところが、小渕元総理大臣はミレニアムというキリスト教の記念行事にちなんで日本国でも二千円札紙幣を発行しようと考えたのです（西洋では、たとえばユーロで、1、5だけではなく、2という数字を貨幣に統一的に組み込んだ制度があります。セントでは、1、5だけではなく、2セントを、10、50だけではなく20セントを、ユーロでは1、5だけではなく2ユーロを、10、50だけではなく20ユーロを、というように。これは便利な制度です。小渕元総理大臣は、そのような統一的な制度を導入しようとしたのではなく、二千円札だけつくろうとしたのです)。

小渕元総理大臣の思考は非連続で断片的です。総理大臣といえば、国の最高の権力者ですから、その思考の断片性は二千円札紙幣の発行という国家的規模で実現したわけですが、権力者ではないわたしたちの身のまわりにも、このような現象は家庭的規模や個人的規模でいたるところで見られます。正月には神社に初詣でに行き、結婚式はキリスト教会で挙げ、葬式はお寺からお坊さんをよんで行なう、また、夏には、お盆のときにご先祖さまをもてなし、冬にはクリスマスでイエスさまの誕生を祝うなどというのも同様です。これらの現象に共通する特性は、伝統的な文化と異質な文化とのあいだに衝突がないということです。元号とミレニアムは衝突することはありませんし、キリスト教は神道や仏教と衝突しないのです。なぜでしょうか。それはわたしたちのものの見かたやものの考えかたが非連続で断片的だからです(つまり、統一的な見かた、統一的な考えかたをしないからです)。外来文化が伝統文化と衝突することなく受容され続けてきた日本の文化は、丸山真男のいうように「雑居文化」という傾向が強いといえるでしょう。衝突はむしろ受容後になってから、雑居状態にある異質な要素間でおきるようです。

さきほど街並みの話をしました。ヨーロッパでは建造物や街並みが戦争などで破壊されると、人びとはそれらを忠実に再現しようとします。人びとは、過去があって現在の自分たちがあると考えるから、過去に執着をもつのです。日本では違います。次々に壊しては、新たに建てかえます。過去にたいする執着がないのです。それは、時間が非連続で断片的である、つまり、消え去った過去はもはやなく、未来はまだない、あるのは現在だけというありかたをしている日本人の歴史意識（過去という時間の意識のしかた）から生じているものです。このような歴史意識においては、消え去った過去は断片的な記憶として心に残るということになるでしょう。評論家の小林秀雄は、歴史は思い出である、といっています（「私の人生観」）。日本人の歴史意識をいいあてた至言ではないでしょうか。わたしたちが、過去と切断され、未来とも切断された、ただ現在だけという断片化された時間のなかで生きていれば、小林のいうとおり、歴史的な時間は思い出にすぎなくなるでしょう。思い出ですから、個人的に経験された狭い範囲にしかとどきませんし、経験は、忘れられない、あるいは、忘れてしまいたい記憶として残るだけです。また、大部分の記憶は忘却の淵に沈むことにもなるでしょう。大切な思い出や美しい思い出は忘れずにいたい、しかし、いやなことは、早く忘れてしまいたい。それが思い出というものです。

さきの十五年戦争で日本が侵略し甚大な損害をあたえたアジアの諸国から歴史認識の問題を持ち出されて非難されると、日本では、過ぎ去った昔のことを持ち出して、いつまであげつらうのだ、もういいかげんにしてくれ、という反応がみられますが、思い出的歴史観ではそういうことになるのです。また、思い出は、あるとき突然よみがえるものです。忘れていたことが、危機的な状況におちいったとき、突如としてよみがえる、そのときに、「この道はいつか来た道」というしかたで思い当たることになるわけです。

最後に乗り物の歴史の話を紹介します。もう二十年くらいまえに都築卓司が新聞の学芸欄に書いていたものですが、鮮明な記憶として残っています。

日本の牛車は中国から入ってきました。牛車とは「牛にひかせた乗用の屋形車」（『広辞苑』）で、そのなかに高貴な人たちが乗ったものです。ところが、がたがた揺れて乗り心地がよくないというので牛車はすたれてしまいました。つぎに登場したのが輿《こし》です。これは、牛にひかせるのをやめにして、車輪を取り去り、屋形部分の底辺の左右に長い棒状の材木を取りつけてその前後を複数の人間が担ぐ乗り物です。しかし、それでもよく揺れるというので、人が乗る屋形部分を担ぎ棒の下にもってきたら乗り心地がよくなるだろうと考えて、いわゆる駕籠ができました。担ぎ棒は一本になったわけです。大名から庶民まで、日本人は西欧文化を知るまでこの乗り物を利用していたのです。これが日本の乗り物の発展（？）の歴史です。

ヨーロッパでは牛車ではなく馬車です。がたがた揺れて乗り心地がよくないというので、車輪がころがる道路をなめらかにしようと、ギリシアでは平たい石を敷き詰め、ローマでは土を掘り起こして舗装しました。また、車輪の振動が乗用部分に直接に伝わらないように車軸と乗用部分を切離し、皮製のサスペンションをつけました。やがて産業革命の時代になると、牽引するのは馬ではなく蒸気機関にかわり、現在の自動車や汽車などの原型が誕生しました。

日本人の視点（視線）の断片性はこの乗り物の歴史のなかにもよく現われています。牛車の乗り心地を改善するとき、道路のことや車軸のことが視界に入らなかったのです。つまり、全体のなかに位置づけてものを見るということをしなかったわけです。日本の雑然とした街並みばかりではなく、また、小渕元総理大臣ばかりではなく、テレビや新聞などで話題になる現在の日本の政治や外交や経済や教育などの問題、あるいは身近な生活のなかに、このような断片的な視点（視線）に由来する事例をいくつも見出すことができるのではないでしょうか。

第二章　見ることについて――〈わたし〉はどこにいるか

第一章では視点（視線）の話をしました。視点というのは、〈わたし〉がものを見るとき、見る視線が発する起点のことです。そこに見る〈わたし〉がいるわけです。この章では人間がものを見るというのはどのようなことであるのか、見るということそのものに焦点をあてながら、視点のありかた、つまり、〈わたし〉のありかた、について考えてみたいと思います。

まず、眼の生理学的構造について必要なかぎりごく簡単にのべておきます。眼球の構造の断面図は省略しますが、外界からきた光は眼球のいちばん外側にある角膜でまず屈折し、さらにレンズの役割をする水晶体で屈折調節されて網膜の上に焦点を結ぶようになっています。網膜には視細胞と神経細胞群があって光刺激はここで受容されて視神経（束）を経て脳の視覚中枢に伝えられるのです。

ここで重要なのは光の刺激を受容する網膜の働きが一様ではなく、部位によって異なっているということです。網膜は、眼球の後方内面の三分の二を覆っていますが、光軸の中心のあたりに黄斑と呼ばれる円形の部分があり、黄斑の中心に中心窩と呼ばれる直径一、五ミリほどのくぼみがあります（図11）。黄斑から外の部分は周辺視覚を生じる部分です。中心窩によって見える視野はごく狭い範囲にかぎられますが、視力はこの部分がもっともよく、わたしたちが何かを見つめるときには、網膜のこの部分で見ているのです。黄斑、その周辺へと中心部からはずれるにつれて視力はおちていきます。

　黄斑は黄色味を帯びた部分で、黄色い色素は専門家によれば、「紫外線のような有害な短波長の光を遮断していると考えられている」ようです（村上元彦『どうしてものが見えるのか』岩波新書）。そのようにして黄斑の中心にある中心窩を保護するだけではなく、中心窩の部分のはっきりした見えを点として孤立させることなく、接続する周辺部の見えによって保持する働きもしているでしょう。人は中心窩と、黄斑をふくめた周辺部によって異なる様式でものを見ているのですが、これらの視覚は相互にいりまじっているので、意識的にならなければ区別できません。

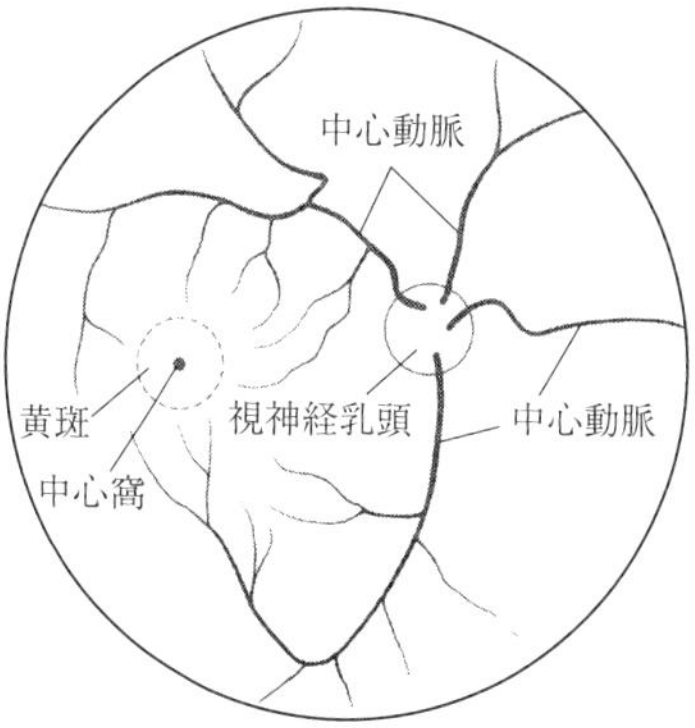

図11　中心窩

　意識的になるのは、たとえば、眼科で視力を測定してもらうときです。むこうにある小さな文字や記号を眼を凝らしてはっきり見ようとする、そのとき網膜の中心窩の部分を使って見ているのです（しかし、中心窩によって見える視野はごく狭い範囲にかぎられています。はっきりと見えるのは一つの小さな文字や記号のごくかぎられた一部分にすぎません）。意識的になるというのは、いいかえますと、はっきり見ようと意志する（見つめようと意志する）ということです。そのとき人は網膜の中心窩の部分を使います。また、見ようとして見つめる意志がなければ、ものは、たとえ見えていても――つまり、網膜に光の刺激が生じていても――見えないのです。心ここにあらず、といいますが、そのとき人は見えているはずのものを見てはいないのです。時間を気にしてちらりと時計を見たばかりの人に今何時何分ですかと聞いてごらんになるといいでしょう。答えられない人が多いはずです。ものを観察するとき、どれだけ緻密に観察できるかを決めるのは、なによりもまず見ようとして見つめる意志です。このように、人間の眼にものが見えるのは、見ようとして見つめる意志が存在するからです。そして、意志を発動することによって生理学的に働くのが網膜の中心窩という部分なのです。

中心窩についてもう少しつけくわえておくことがあります。それは運動（物体の動き）の知覚にかんしてです。例えば、走行中の列車の窓から外の風景を見るとき、見つめている対象は静止していますが、周辺の景色は流れ去っていきます。あるいは、例えば、金網ごしに遠景を見るとき、手前の金網に眼の焦点をあわせ（中心窩によって見つめ）ながら頭を振ると、見つめている金網は静止していますが、遠景全体が揺れ動きます。逆に、遠景の対象を見つめながら頭を振ると、見つめている対象や対象が属する遠景全体は静止していますが、手前の金網は揺れ動きます。人間の眼は、視界内の光景を平面として見ているのではなく、奥行をもつものとして見ています。中心窩は奥行をもつ視界のなかで、ある深度にある見つめる対象をはっきりと見るという働きがあるばかりではなく、見つめる対象（および対象が属する深度の光景）を静止させる働きがあるのです。

いまのお話は実験的に頭を振って見た場合ですが、頭を振らずに見る場合にはどのようなことがいえるでしょうか。中心窩は見つめる深度にある対象（および対象が属する光景）を静止させる働きがありますから、運動（物体の動き）を知覚する能力にはむいていないということになります。運動する物体、例えば、飛んでいる蚊や、あるいは、剣術で切りかかってくる相手の刀などを知覚しようとするときには、中心窩で見ようとするのではなく、中心窩をはずして見るほうが能力が高まるのです（いわゆる、動体視力）。飛んでいる蚊の位置を知ろうとするとき、私たちは羽音がする方向を正視せずに、斜《はす》に見るのではないでしょうか。第七章でお話する日本の伝統的剣術の眼の使いかた（例えば、「見ぬようにして見る」）はまさしくこのことをふまえて成立しているものです。

話をもとにもどして、ここで哲学者の大森荘蔵（一九二一―一九九七）についてふれておきたいと思います。どうして大森荘蔵をとりあげるのかといいますと、大森の哲学は、日本ではまれなことですが、固有名詞を冠して大森哲学とよばれています。大森は独創的な見解を、哲学者にありがちな難しい用語をできるだけ使わずに語ることができる人ですし、わたしたちがいま問題にしている見ることにかんして興味深い見解をのべているからです。ここでは哲学の議論をしようというのではありませんから、見ることにかんする大森の見解を紹介しながら、それを検討することによってわたしたちの見解がよりはっきりすればいいというつもりでお話するにすぎません。

大森は、何かが「見えている」、そのこと自身は何の動作でもない、それは単に一つの「状態」なのである、といいます（『新視覚新論』東京大学出版会、第二章。以下も同様）。さらに、〈わたし〉（大森は「私」と表記していますが、文脈の都合ですべて〈わたし〉と読み替えることにします。理由は「はじめに」でのべました。つぎの引用文中の「私」も同様に読み替えてください）はここにいて壁はあそこに「見える」というが、それは、壁が〈わたし〉に「見えている」という状態のなかでのことなのである、といっています。つまり、〈わたし〉自身は「見えている」という「状況」のなかにいるのであって、「見えている」風景は〈わたし〉を包みこんでいるということです。それは一つの全体的「状況」である、と大森がいうように、〈わたし〉自身をふくめて、すべてはこの全体的「状況」のなかにあり、それ以外の「状況」、いいかえますと、その外というのはありえないということです。

ここまでの大森の見解にわたしたちは一応同意することにします（一応、と断わった理由についてはここではふれません）。さらに続けて大森は、このような「見えている」という全体的「状況」のなかには、見ている〈わたし〉という認識主観は存在しない、という注目すべきことを語っています。眼は心の窓というように、〈わたし〉は眼の奥底の方からこの窓を通して外の世界をかいま見る、これは何の理屈でもなく、端的な実感である、と人はいうかもしれない。しかし、大森によれば、これは勘違いされた実感であって、見ている〈わたし〉という実感もそうである、というのです。それでは、勘違いではない実感とはどのようなものでしょうか。大森はつぎのように語っています。

私はその五体のすべてをもってここにいる、そして机や樹や自分の手足があそこ、そこ、に「見える」。これがその実感のすべてなのである。なるほど、それら「見える」事物はすべて「離れて」見える。どこから？　私の眼からである。だからその視野の中心……に「見ている私」がいるのだ、こう思われてしまうのである。しかし実は、その視野中心にあるのは「私の眼」であって、「見ている私」ではない。すでに事物は「見えている」のであって、私がことあらためて「見る」必要はないのである。……認識主観としての私なるものはいない……あるのはただ動作主体としての私である。……動作主体として私は空間の中の好む場所に移動できる。また、動作主体として私は好む方向に眼を向ける。そのとき或る風景が「見えている」。だが、「眼を向ける」と並んで、その風景を「見る」という動作はないのである。動作は唯一つ、眼を向ける動作だけである。そしてだから当然、その風景を「見る」私などもないのである。認識論的主観とは一つの深い誤解ではあるまいか。

大森が何故このようなことをのべているのかといいますと、大森には、見る〈わたし〉と見える対象という主観・客観の二元論の構図を超えよう、そのために、認識主観としての見ている〈わたし〉を解消しようとする意図があるからなのです。引用文を読みますと、大森はなんとかして見ている〈わたし〉を消そうと頑張っているなという気がします。しかし、大森に見ている〈わたし〉が存在しないのは、大森の「眼」には中心窩が存在しない、いいかえますと、大森の「眼」が中心窩を無視しているからにすぎないのです。さきほど、眼科の視力測定で、むこうにある小さな文字や記号を眼を凝らしてはっきり見ようとするときには、網膜の中心窩の部分を使って見ているのです、といいました。大森には視力測定をした経験がないかのようです。中心窩を無視すれば、大森のいうように、風景は「見えている」だけで、その風景を「見る」という「動作」（と大森はいいますが、この言葉は「行為」といいかえたいと思います）は存在しなくなります。そうすれば、その風景を見ている〈わたし〉も当然いなくなるでしょう。「見えている」という状況（状態）だけですべてを説明し、見ている〈わたし〉を消去しようとする大森の努力は、中心窩を無視しているわけですから、どうしても無理があります。

しかし、大森の見解がすべて意味をもたないわけではありません。すべては「見えている」という状況（状態）のなかにある、という大森の指摘は貴重です。中心窩による見ようとして見る働き、および、その見えは、「見えている」という状態のなかではじめて成立するものだからです。つまり、〈わたし〉に「見えている」状態のなかで、〈わたし〉が「見る」（見つめる）という行為も成立するのです。ある風景のなかに〈わたし〉がいるというのは、〈わたし〉に「見えている」風景のなかで、〈わたし〉が「見る」（見つめる）という行為をするということなのです。その風景が〈わたし〉にとって現実感に満ちているのは、〈わたし〉に「見えている」風景のところに居合わせている〈わたし〉と、その風景を「見る」（見つめる）〈わたし〉とが〈わたし〉自身のなかで統合されているからです。この統合が失われることによって風景が非現実に見えてくるという病的な事態も生じるでしょう。その典型は統合失調症です（以前は精神分裂症とよばれていた病気です）。そのような病的な事態ではなくとも、普通の生活のなかでも非常な衝撃を受けたときにそういうことは生じます。たとえば、身近な愛する人が死んだとき、わたしたちはすべてが夢のなかの出来事であるように感じます。このとき現実が非現実化しています（人間は、そのような衝撃に耐えることができないので、自己の統合を解消することによって、自己を防衛しようとしているのでしょう）。

あるいはまた、〈わたし〉が悲しいときに眺める風景が、悲しい風景として立ち現われてくるのも、「見る」〈わたし〉が、〈わたし〉に「見えている」風景のなかにあり、「見えている」風景を成立させている〈わたし〉と「見る」〈わたし〉とが統合されて一つであるということのことによるでしょう。石川啄木の「やはらかに柳あをめる／北上の岸辺目に見ゆ／泣けとごとくに」という有名な歌があります。早春、北上川の岸辺の柳の薄緑色の新芽がやわらかに映えている、青春のころに見たあの情景が目に浮かぶ。その情景が泣けといっているかのように（「泣けとごとくに」）見えるのは、啄木が、いま、泣きたい気持でいるからなのです。啄木の気持が、逆に、輝いていれば、この情景はまた違ったふうに見えたはずなのです。例えば、愛の歓びに満たされて心が輝いているとき、自然もまた輝いて見えます。そのことを歌った有名な詩といえばゲーテの「五月の歌」でしょうか。詩の一部を引用します。「自然がぼくにたいしてなんと壮麗に輝いていることだろう！　太陽がきらめき、野原が笑っている！……胸に湧きでる喜びと至福の思い。おお　大地よ、太陽よ、この幸福感、この快感。……少女よ、おお　少女よ、ぼくはきみをどんなに愛していることだろう！　きみの瞳はなんとかがやいていることだろう、きみはぼくをどんなに愛していることだろう！……」。

わたしたちの話の筋にもどることにします。カメラは視野内のすべての事物を一挙に写すことができますが、人間の眼はカメラのようにすべての事物を一挙に見ることはできません。何故ならば、人間が対象をはっきり見ることができるのは、網膜の中心窩による視界のごく狭い部分に限定されているからです。中心窩の狭い視界をつぎつぎに移動させて対象をスポットライトを当てるように

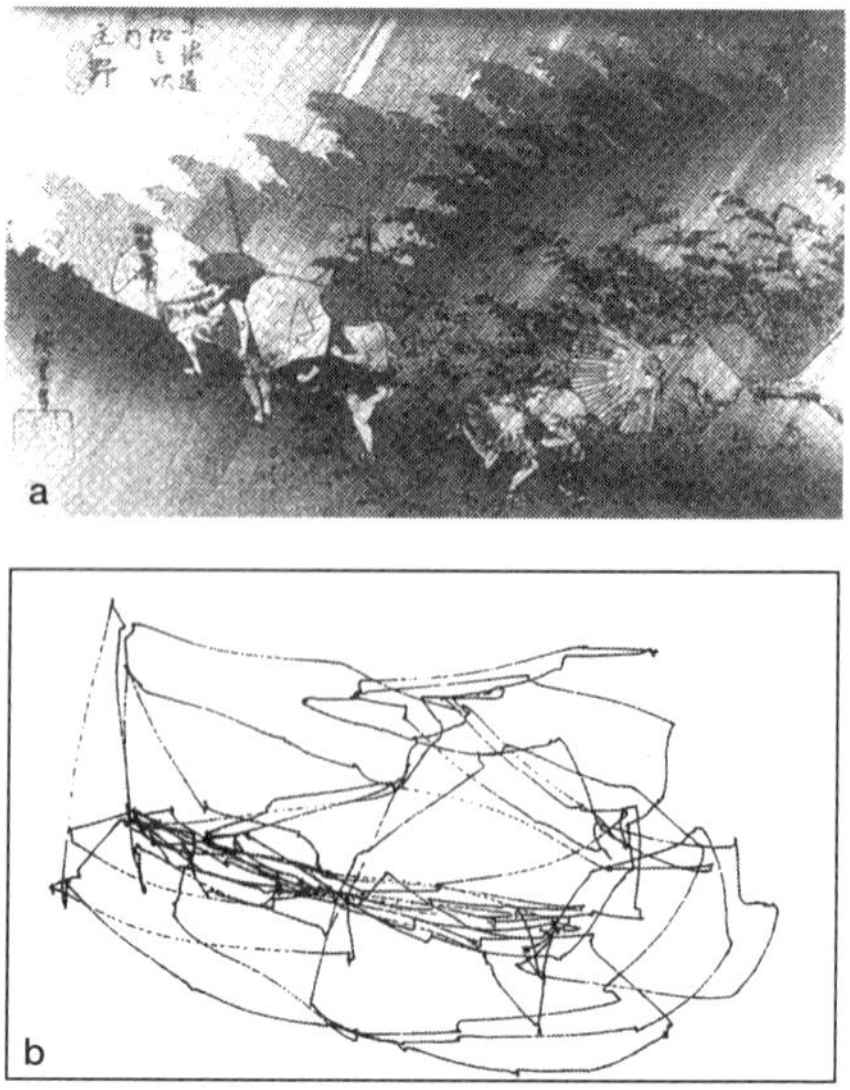

図12　ポジション・センサー

してなぞらなければならないのです（図12は一枚の絵――広重の「東海道五十三次　庄野」――を見るとき、対象の部分から部分へとなぞっていく視線の動きをポジション・センサーによって記録したものです）。また、人間が見ようとして見る意志を発動する（つまり、見ようとして見る行為をおこなう）のは、中心窩という視覚系のこのような生理学的構造のもつ制約のもとにあるのです。このような生理学的な制約のもとで人間は注視しようと意志し、中心窩の見えが成立し、視線をつぎつぎに移動させていくのです。これが、人間の身体がもつ有限性であり、身体に制約された精神の有限性です。そして、人間の見るという行為は、このような有限性のもとに、身体と精神の双方に同時にかかわる問題なのです。

　これまで見ることにかんして視覚、すなわち、感覚・知覚としての見ることについてのべてきました。しかし、わたしたちはものを見るときに、実は二重のしかたで見ているのです。一つは、感覚・知覚、つまり、視覚によって。光があって眼を開けていれば外の世界が見えています。これは視覚によって見えるわけです。眼を閉じていても暗闇が見えています。このときも、明るい光が欠けているだけで視覚は働いています。この働きは眼球や脳に損傷が生じると停止します。そのときには、視覚そのものの働きが失われた結果生じる暗闇におおわれるでしょう。

全盲の人の暗闇は、いわゆる健常者の暗闇とは違っているでしょうが、その暗闇のなかでやはり見るという営みを行なっているはずです。「群盲象を撫でる」ということわざがあります。大勢の盲人が象を撫でてみて、尾に触れた者はほうきのようだ、腹に触れた者は太鼓のようだ、鼻に触れた者は太い縄のようだ、などといったという例の話ですが、ここではことわざの教訓が問題なのではなく、盲人が象に触れてみて、そこから判断をくだすにいたった過程が問題なのです。今「触れてみて」といいましたが、触ってみる、撫でてみる、あるいは、見てみる、などというような表現があります。この「みる（見る）」は補助動詞などと貶められたよばれかたをしていますが、本来は認識を意味することばです。全盲の人もこのようなしかたで見ているはずなのです。

この認識を意味する見るは、視覚、つまり感覚・知覚としての見るとは異なったもう一つの見かたです。このような見かたを心の眼で見るとよぶことにします。サン＝テグジュペリの『星の王子さま』のなかに、キツネが王子さまにむかって、「心で見なくちゃ……。かんじんなことは、目に見えないんだよ」（内藤濯訳）と語る箇所があります。キツネは、心の眼で見ることが大切である、「目」で見る、つまり、肉眼で（視覚的に）見る、だけではかんじんなことは見えないといっているのです。あるいは、金子みすゞが「星とたんぽぽ」という詩のなかで、「晝のお星は眼にみえぬ。／見えぬけれどもあるんだよ、／見えぬものでもあるんだよ」とうたっていますが、同じことをいっているわけです。

わたしたちはものを見るときに、二重のしかたで見ている、といいました。視覚として肉眼で見ることと心の眼で見ること、この二つの見るは、実は、重なって働いています。第一章でふれました「見立て」もそうです。庭園の池を大海に、池に突きでた石組みを天橋立に見立てるというのは、池や池に突きでた石組みを肉眼で視覚的に見ながら、心の眼で大海や天橋立を見ている、いわば、心の眼がそこへ飛翔しているということです。しかし、わたしたちは普段はほとんどそのことを意識することはなく、視覚だけによって見ていると思っています。わたしたちが何かを想像するとき、あるいは、何かを思い出すとき、わたしたちはそれを思いうかべて心の眼で見ているのですが、感覚・知覚の見る見かたが強すぎてそのことを意識しないのです。しかし、ある特別の場合に、この感覚・知覚の見るが背景に退いて心で見る見かたがはっきり際立つ瞬間があります。この興味深い場合についてサルトル（一九〇五—一九八〇）がつぎのようにのべています。

わたしたちが相手の眼を美しいとか醜いとか思ったり、相手の眼の色に注意したりすることができるのは、相手の眼のまなざしがわたしたちのほうに向いていないときである。相手がわたしにまなざしを向け、「わたしが相手のまなざしにわたしの注意を向けるときには、それと同時に、わたしの知覚が解体し、背景へと移らざるをえない」。「わたしがまなざしをとらえるときには、わたしは眼を知覚することをやめる。なるほど、眼はそこにある。眼は、依然として、わたしの知覚の野に、単なる表象として存在する。けれども、……その眼は無効にされ、場外におかれる」（『存在と無』松浪信三郎訳、人文書院、第三部第一章）。

まなざしとまなざしとが出会うとき、感覚・知覚としての見るは背景に退くのです。眼は心の窓、といいます。眼をとおしてその人の心をのぞくことができる、というのです。まなざしが出会うとき、知覚は背景に退いて、心の窓が開くのです。薄暗い場所で鏡に映る自分の眼を見つめていると不気味な感じがしてくるでしょう。それは、自分の不可解な心に直面する恐怖感に由来するものでしょうし、恋人たちが互いに相手の眼をじっと見つめ合うのも、眼をとおして互いの心を見つめ合っているのです。また、無邪気な赤ん坊がわたしたちの眼を見つめるときも同じです。若葉のように初々しい輪郭をした幼い赤ん坊のつぶらな眼がわたしたちの眼をじっと見つめるとき、わたしたちは思わず可愛いと感じるでしょう。そのとき、わたしたちは、郷愁にも似た気持でその眼のなかに、いたいけない無邪気な心を見ているのではないでしょうか。

しかし、赤ん坊のあどけないまなざしとわたしたち大人のまなざしには明らかな違いがあります。赤ん坊のつぶらな眼はその全体で無邪気にわたしたちを見つめているのにたいして、大人のわたしたちの眼は、その奥のどこか特定の地点から（何か意図を秘めて）眺めています。眼の奥に存在するこの特定の地点は、わたしたちが乳児から大人へと成長する発達の過程で形成されたものです。赤ん坊（乳児）には〈わたし〉はまだ存在しません。しかし、生理学的には網膜の中心窩は存在しますが、乳児はその働きをまだ自分のものにできていないのです。識者があまりいわないことなのですが、乳児から幼児を経て成人にいたる人間の発達の過程というのは、中心窩の働きがほとんど無の未熟な状態から完成へとむかう過程であるともいうことができるのです。幼児は一歳半くらいになると、鏡に映っている自分の顔を自分だとわかるようになりますし、三歳前後になると、自分のことを〈わたし〉（アタシ、ボクなど）といえるようになります。それは、中心窩の働きが完成へとむかい、中心窩のところに〈わたし〉が定まるということなのです。こうして、眼の奥の特定の地点が形成され、赤ん坊のあの無邪気なまなざしは失われます。

ものを見るときのわたしたちの視点、それは網膜の中心窩のところにあり、そこにわたしたちの〈わたし〉がいる、わたしたちは、その地点から視覚的に肉眼で、また、心の眼で見ているのであるという話をしました。このような〈わたし〉について別の角度からもう少し話を続けてみたいと思います。

病院で治療をうけるとき、足や手の治療よりも、歯の治療をうけるときのほうが〈わたし〉に近い感じがします。鼻の治療になるともっと近い感じがするでしょうし、眼の治療になるとさらに近くなり、〈わたし〉のすぐ前という感じがするのではないでしょうか。耳の治療になれば、左耳であれば〈わたし〉の左という感じ、右耳であれば〈わたし〉の右という感じがするでしょう。さらに、耳の場合とは違って、眼の場合は、右眼であっても左眼であっても、右や左という感じはなく、ただ、〈わたし〉の前という感じしかしません。このような経験にもとづけば、〈わたし〉は、どうやら、両眼の少し奥の地点にいるように思われます。そして、二つの眼で見る風景が、二つの別々の風景ではなく、一つの風景であるように、見る〈わたし〉は二つではなく、一つの〈わたし〉であるということになるでしょう。

このような〈わたし〉を描いた人物がいます。その人物はオーストリアの、画家ではなく、哲学者のエルンスト・マッハ（一八三八―一九一六）です。図13がそのスケッチです。

絵画の歴史のなかで画家たちはたくさんの自画像を描いています。しかし、その自画像は鏡に映した自分の姿を描いたものです。マッハのスケッチはそうではなく、〈わたし〉に見えるままの〈わたし〉を、鏡なしに、直接に描いています。マッハ自身は、鏡なしに、直接にという意味をこめて、このスケッチを「自己直観の〈わたし〉」とよんでいます。素人の絵にすぎないかもしれませんが、この画期的な自画像は大変話題になりました。

マッハの〈わたし〉はこの自画像のどこにいるでしょうか。マッハは安楽椅子にもたれながら、右眼を閉じて、左眼に見える世界を描いています。上にわずかに見える眉毛や鼻筋や口髭、短縮した胴体、組んだ両脚、左腕やペンをもつ右腕などは、マッハの〈わたし〉ではありません。これらの身体の一部は、このスケッチを見ている人にとってはマッハであるかもしれませんが、マッハ自身にとっては〈わたし〉に見えている〈わたし〉の身体です。〈わたし〉の身体が〈わたし〉に見えているのであって、見ている〈わたし〉の身体が〈わたし〉そのものではありません。

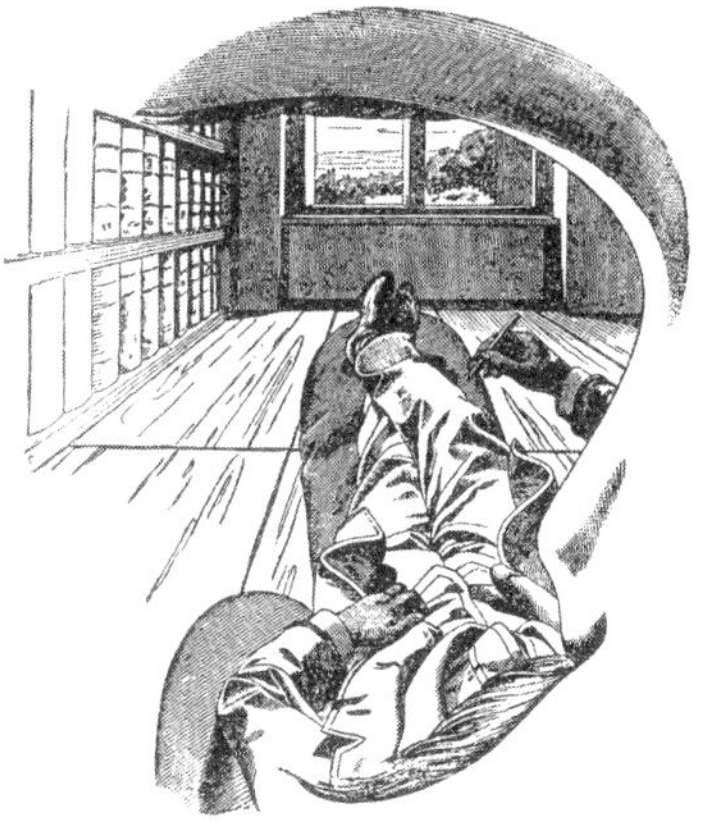
図13 マッハのスケッチ

見ている〈わたし〉はどこにいるでしょうか。それはこのスケッチのなかのどこにも直接には描かれてはいません。間接的にしか描くことはできないのです。見ている〈わたし〉は、〈わたし〉の身体をふくめて〈わたし〉に見えているもののなかに、それがどのように見えているかということによって表現されています。見ている〈わたし〉と見えている世界——といっても、この場合は、身体の一部と部屋の内部と窓の外のわずかな風景にすぎませんが――とは、切り離すことができない関係にあります。見る〈わたし〉と見える世界とはそのようなしかたで対応しているのです。

見えている世界は、ここに描かれているようなしかたで眼前に開けているわけですから、見る〈わたし〉はこの画面の手前にいます。手前のどこでしょうか。このスケッチはルネサンスの時代に確立されたパースペクティヴ（透視画法。遠近法とも訳されます）の手法によって描かれていますから、その位置を特定することができます（パースペクティヴについては第三章で詳しくのべます）。

画面の床板の継ぎ目や書棚の横板は遠ざかるにつれて幅が狭くなっています。これらの直線を延長すると、すべての直線は窓の下枠の左から三分の一のあたりのすぐ上の一点に収束します。その地点が消失点です。画面上のこの消失点に立てた垂直線上のこちら側に、自分の身体の一部と部屋の内部と窓の外の景色をこのように見ているマッハの〈わたし〉がいるのです。マッハがこの自画像を「自己直観の〈わたし〉」とよんでいることはさきほどのべましたが、マッハは、鏡なしに自己を直観したままの姿で、世界をこのように見ている〈わたし〉を描いているのです。

さらに、つけくわえなければならないことがあります。それは、マッハがこのスケッチを「自己直観の〈わたし〉」とよんでいるのは、〈わたし〉が〈わたし〉を鏡なしに直観したままの姿で描いたということですが、しかし、ここに描かれている世界は決して一瞬のうちに直観されたものではないということです。画面のなかに描かれているすべてのものが瞬間的に一挙にこのように鮮明に見えるわけではないからです。すでにのべましたように、人間の眼はカメラとは違います。カメラのレンズは一瞬のうちに対象を鮮明に写しとることができますが、人間の眼はそうではありません。人間の眼が対象をはっきりと見ることができるのは、網膜にある中心窩という直径わずか一、五ミリほどのごく限られた狭い範囲にすぎず、鮮明に見える範囲はほんのわずかしかありません。それ以外の視界はぼんやりとしか見えません。

マッハのスケッチの〈わたし〉に見えている世界はすべて鮮明な姿で描かれています。それは、マッハの〈わたし〉が、すべての対象をはっきり見るために、それぞれの対象の部分、部分を中心窩の狭い視野内におさめようと、さながら小さなスポットライトをあてるように、つぎつぎに視線を移動させて見ているからです。このスケッチは、そのようにして、それぞれの対象の部分から部分へと視線のスポットライトをあてながら、ぼんやりとしたたしかたで見えている視野内の対象の細部をはっきりと見定めたうえで描かれているのです。マッハが自画像を描こうとして対象の部分から部分へと視線のスポットライトをあててはっきりと見ようとしたとき、マッハは、もちろん、意識的でしたし意志的でした。このときマッハの意志は中心窩のところに居合わせています。中心窩のところにいる見る〈わたし〉から、見えている世界をはっきりと見定めようとしていたのであり、その見定めようとしている〈わたし〉を直観的に見ているのです。

わたしたちの〈わたし〉は誰にとってもこのような網膜の中心窩のあたりにいるということが一応できるでしょう。そのような地点にいる〈わたし〉の眼前に、世界は〈わたし〉を中心にして三六〇度展開しています。念のために申し添えておきますが、ここにいう〈わたし〉は生理学的なものではありません。メスで切り開いてみても、あるいは、電極を刺して調べてみても、そこに〈わたし〉なるものが見出せるというものではありません。脳細胞の働きとは無関係ではないでしょうが、働きそのものではないのです。

この〈わたし〉はまた精神と身体とが合一する地点でもあります。マッハの場合、〈わたし〉を描こうという考え（意図）が〈わたし〉にあって、〈わたし〉が〈わたし〉を見つめながら、ということは、つまり、〈わたし〉に見えているものと、それを見ている〈わたし〉を見つめながら、右手を使ってそのような〈わたし〉を描いているのです。そのために、〈わたし〉は身体を安楽椅子に横たえて、両脚を組んで、右眼を閉じているのです。ですから、ここに描かれている両腕や両脚や胴体の一部は、マッハの〈わたし〉そのものではありませんが、マッハにとって他ならぬ〈わたし〉の身体なのです。

例えば、わたしたちが歩くとき、普通は、歩こうという〈わたし〉の意志がまずあるわけです。そして、〈わたし〉は、眼に入る足もとの側溝の蓋が踏んでもだいじょうぶかな、車が向こうから来ているな、などと考えながら、また、踏み出す足もとの確かな感覚を感じながら歩いています。そのとき、道端に咲いている花を見ていて、側溝の蓋や車は視野の周辺部にしか入っていないということもあるかもしれません。また、考えるのは、あるいは、昨日の楽しかった出来事のことかもしれません。しかし、いずれにしろ、歩行において、〈わたし〉の意志や思考や感覚は〈わたし〉を中心にして統合されて働いています。そのとき〈わたし〉は生き生きと働いている意志や思考や感覚と生きた有機的関連をもっています。

〈わたし〉といえば、「〈わたし〉は考える、ゆえに〈わたし〉はある」と語ったフランスの哲学者デカルトの「考える〈わたし〉」のことを思い出す人もいるかもしれません。しかし、デカルトのいう〈わたし〉と、いまここでのべている〈わたし〉とは別のものです。デカルトは、「〈わたし〉は歩く、ゆえに〈わたし〉はある」というとき、この「歩く」がたんなる歩行を意味するのであれば、この命題の結論、「ゆえに〈わたし〉はある」は、確実であるとはいえないとのべています。たんに、歩いているだけでは、〈わたし〉が存在するかどうかは不確かであるというのです。

わたしたちがここで問題にしている〈わたし〉は、たんに歩いているだけのときに存在している〈わたし〉のことです。では、何故デカルトにとって、このような〈わたし〉の存在は不確かなのでしょうか。それは、デカルトの〈わたし〉が第一義的には、このような〈わたし〉を意識する〈わたし〉のことであり、意識する〈わたし〉によって意識されなければ〈わたし〉の存在は確実ではないと考えたからです。デカルトの〈わたし〉はそれだけでは倒錯した〈わたし〉にすぎません。意志や思考や感覚とともに生き生きと働いている〈わたし〉から離れて、それを意識する〈わたし〉こそが確実な存在であると考えたがゆえに、デカルトは精神と身体とを結合するのは左右大脳半球の間にある松果腺という器官であると誤認したのです。たんに歩いているだけのときに存在している〈わたし〉こそが精神と身体とを結合する統合点であるはずでしょうに。デカルトが陥った倒錯は現在でもよく見られる現象です。デカルトについては、また補論の第一章で詳しい話をすることにします。

〈わたし〉は、すでに少しだけふれたことですが、生得的にもって生まれたものではなく、生まれ落ちた後に、発達の過程で形成され、習得したものです。つまり、文化や社会が異なれば、〈わたし〉のありかたは違ってくるということになります。次章以下では、西欧の文化や社会と日本の文化や社会とにおいて〈わたし〉がどのようなありかたをしているか、その違いに焦点をあてながら検討してみたいと思います。

第三章　〈わたし〉は世界の外にでる、〈わたし〉は世界のなかを動く――ルネサンスの透視画法と日本の伝統的絵画

まず絵画のことから話をはじめたいと思います。日本の絵画は古代から現代にいたるまで本質的な変化をとげなかったのにたいして、ヨーロッパの絵画は中世の終わりをつげるルネサンスの時代に激変します。ルネサンスとは何だったのか、また、それと対比させることによって日本の伝統的絵画とはどのようなものであるのかということについて考えてみたいと思います。

まず日本の古い時代の絵画を見てみましょう。図14は奈良時代（八世紀）に描かれた「絵因果経」です。中央にお釈迦様が坐り、周囲に説法を聞いている人たちがいます。頭を丸めているのが出家した弟子たち、帽子をかぶっているのが在家の人たちでしょう。お布施をいれた布袋をささげている人もいます。背後には樹木が立っていて空には飛天が舞っています。まるで子供が描いたような素朴でのびやかな絵です。

図15はヨーロッパの中世の古い絵画（九世紀半ば）です。絵は神様がアダムからイヴを創造するところを描いたものです。神様は深く眠っているアダムからあばら骨をとりだして、そのあばら骨

図14 「絵因果経」(部分)

図15 「アダムとイヴ」(部分)

図17 小林古経「浴女」

図16 「樹下美人図」

からイヴを創造するのです。羽根をもつ天使が見守っています。背後に樹木が立っています。

古い時代の日本の絵画とヨーロッパの絵画、これらはそれぞれの宗教による題材の違いはありますが、描きかたの違いはほとんどないといっていいでしょう。

冒頭でのべましたように、日本の絵画は古代から現代にいたるまでほとんど本質的な変化をとげませんでした。図16は「絵因果経」と同じ奈良時代に成立したといわれる「樹下美人図」です。木の下に若い女性が腰掛けています。背景には何も描かれていません。ふっくらとした顔立ち、体つきが当時の美人だったのです。中国の唐の美人の基準を当時の日本人はそのままうけいれていたのです。図17はそれから千二百年ほど後の二十世紀の日本人が描いた絵です（小林古径「浴女」一九三一年）。上半身裸の坐っている若い女性の髪をもう一人の女性がとかしています。背景には何も描かれていません。西洋から近代的絵画が入ってきた後に描かれた日本画ですから、若い女性が上半身裸だったり、顔立ちが西洋の洗礼をうけた後に見いだされた日本的美人であるなど、表面的な西洋の影響は見られます。しかし、千二百年前の「樹下美人図」と描きかたに基本的な違いがあるわけではありません。

ヨーロッパではどうでしょうか。図18は十世紀末に描かれた宗教画です（「聖マタイ」『オットー三世の福音書』挿絵、ミュンヘン、バイエルン国立図書館）。中央にキリスト像が大きく描かれており、その上方に福音書を記した聖マタイが、マタイの左右には旧約の二人の預言者たち、外側には二人の天使たち、キリストの下方には旧約の祖アブラハムが二人の天使たちに守られて、アブラハムの左右には旧約の二人の預言者たち、外側には二人の天使たちが描かれています。一番下からは福音

図18 「聖マタイ」

図19 マサッチョ「三位一体」

書に記された神の言葉が生命の泉となって流れでており、人間たちが飲んでいます。

図19はルネサンスの最初期に描かれた宗教画です（マサッチョ「三位一体」、フィレンツェ、サンタ・マリア・ノヴェッラ教会、一四二五―二八年）。中央に父なる神とその子キリストと聖霊（鳩）が描かれており、その両脇には聖母マリアと使徒ヨハネが、さらにその外側にはこの絵の依頼主（寄進者）が描かれています。二つの宗教画を比べてみると明らかな違いがあります。前者の人物像の背後の空間は金泥で塗つぶされており、地上のものではない超自然の世界であることを表現しています。後者の空間はこの地上の空間であり、神は地上に降り立っています。人物像にかんしても、前者では宗教的な価値の高い人物ほど大きく描かれていますが、後者では神やキリストの大きさと人間の大きさに違いはありません。

マサッチョの「三位一体」は、人間にとってキリスト教の神のありかたが、そしてそのことに由来する人間の自己をふくめて世界を見る見かたが大きく転換したことを示しています（この絵について詳しいことは第八章でまたのべます）。このような新しいものの見かたがルネサンスの時代に確立され、それ以降の時代を決定するにいたるのです。この章でまず絵画をとりあげたのは、三次元の世界を二次元の平面上に表現するという困難な制約をもつ絵画という視覚芸術の領域において、この新しいものの見かたがもっとも鮮明に登場するからなのです。

ルネサンスの時代に成立した新しいものの見かたというのはどのような見かたなのでしょうか。それはパースペクティヴとよばれる画法（絵画の描きかた）であり、その基礎にあるものの見かたです。この画法を確立したといわれる十五世紀初頭のブルネレスキ（一三七七－一四四六）による実験のことをまず紹介することにしましょう（図20）。かれはフィレンツェ大聖堂の前にあるサン・ジョヴァンニ洗礼堂をパースペクティヴの手法で板の上に描き、空の部分には銀箔をはって外界の雲が映るようにしました。そしてこの板絵の消失点（すぐ後で説明します）のところに小さな覗き穴をあけたというのです。ブルネレスキが洗礼堂を描いた地点に立って、一方の手で板絵を持って、裏側の覗き穴から、他方の手で捧げ持った鏡に映る板絵をのぞくと、のぞいた人は実際の光景と区別がつかないほどだったということです。念のために申しそえますと、鏡に映った洗礼堂は左右が反対になっているはずだと思われるかもしれませんが、この洗礼堂は左右対称になっているので問題はなかったのでしょう。

では、パースペクティヴというのはどのような画法なのでしょうか。ルネサンスの先進国イタリ

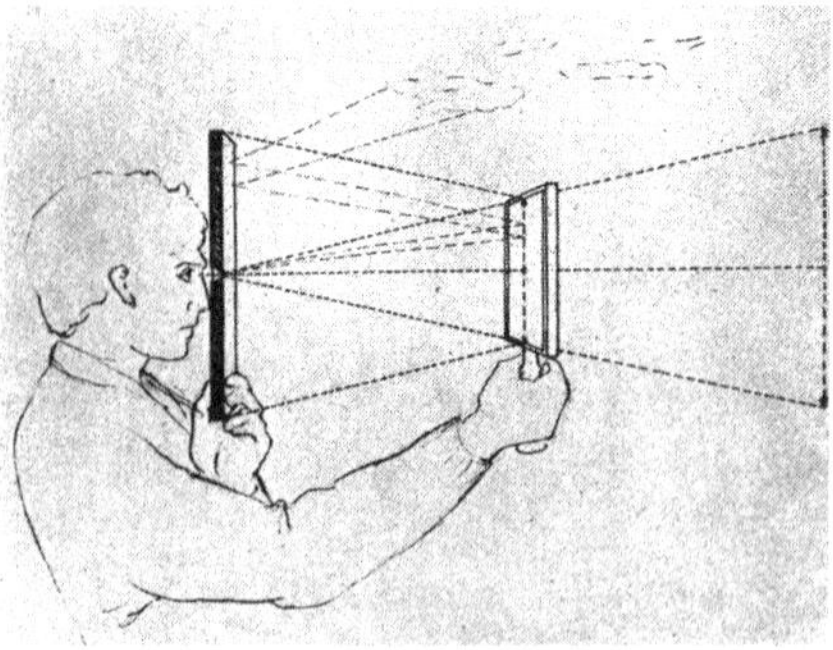

図20　ブルネレスキの洗礼堂の実験

図21　デューラーの銅板画

アで学んだドイツの画家デューラー（一四七一－一五二八）の銅版画を使って説明してみましょう（図21）。この銅版画はパースペクティヴにおける画家の視点（〈わたし〉）の位置とそのありかたをよく示しています。

画家がいま、モデル（対象）を前にして坐っています。画家とモデルの間には木の枠が立ててあり、その枠には縦と横に糸が張ってあります。縦糸と横糸の間隔は実際にはもっと狭いのでしょうが、説明をわかりやすくするために間隔が大きくあいていると考えてください。その縦糸と横糸の線と同じ（か、相似形の）線が机上の画布にも引いてあります。画家はモデルの身体の各部分を細かく丹念にたどりながらそれぞれの部分が見える木枠の縦糸と横糸上の位置に対応する画布上の地点にしるしをつけていきます。すべての部分をなぞり終えた後で、画布上にしるした点をつなげばモデルの輪郭ができあがるわけです。そのさいに重要なことは画家の眼が固定されていて動かないということです。そのために先がとがった細い棒が机上に立ててあり、画家は片方の眼だけを使って（他方は閉じて）棒の先端のところからモデルを見つめています。

このような描きかたをパースペクティヴ（透視画法。遠近法とも訳される）といいます。透視画法と訳すのは、ある透明な平面（この場合、木枠に張ってある縦横の糸が形成する平面、ガラスでもいいわけです）を透かして対象を見る（＝透視する）画法だからです。画家の片方の眼が位置する固定した一点と対象（モデル）のそれぞれの部分を結ぶと一点から発する放射状の立体的な視線の束ができますが、透視画法はその視線の束がこの透明な平面を通過する無数の点をつなぐことによって透明な平面の位置で対象の輪郭を描くということです。固定した一点から見ている眼に見える対象を透明な平面のところでとらえて表現する、これがパースペクティヴの方法なのです。

対象を固定した一点から見るこのような視点のことを、パースペクティヴの視座とよぶことにしますが、この視座は、表現しようとする対象を自分の前方の透明な平面のところでとらえるわけですから、そこにおいてとらえられた対象を描いた絵画の画面の外にあります。つまり、パースペクティヴの視座は、対象との間に透明な平面を置くことによって、対象（この視座から見える対象、とともに、表現される対象）を自分の前方、自分の外に、置く（定立する）のです。この視座が確立された後で、間にあった透明な平面を取り去ると、この視座と対象との関係はたんなる絵画の領域にとどまることなく普遍的な関係になります。事態はそのように進展しました。

パースペクティヴの視座は対象を自分の前方に（外に）定立することによって、対象をまさに対象（「対象」というのはドイツ語の Gegenstand の翻訳日本語です。原語は「対して立つもの」を意味します）として成立させるのです。パースペクティヴの視座が確立されることによって、デューラーの銅版画の例で示したような絵画のモデルはもちろんですが、自然や世界そのものがその外から対象として見られるようになります。ルネサンスの時代に自然が発見されたといわれるときに、その自然というのは、個々の対象としての自然ではなく、自然の外に出た〈わたし〉によって外から眺められた、すなわち、対象化された一つの全体としての自然なのです。その一例として若いころのダ・ヴィンチの絵のなかに描かれている自然をあげておきます（図22）。この絵のマリアと天使の背後に描かれている樹木や山などは、中世の絵画に見られるような個々の自然なのではなく、パースペクティヴの視座から、つまり、自然をその外から、全体を一つのものとして、見て描いたものなのです（デューラーの銅版画でいえば、縦糸と横糸が形成する平面の位置でとらえた自然です）。

パースペクティヴの視座は、描かれた絵画の画面の外にあります。しかし、その位置は画面のなかに表現されています。デューラーの銅板画でいえば、その位置は視座（固定した一点、つまり棒の先端の位置）から縦糸横糸が形成する平面に垂直線をおろしたとき、この平面と交差する地点（それを机上の画布に写した地点）です。この点を消失点とよびます。何故かといえば、決して交差するはずのない平行線が、画面に平行ではない、つまり遠方にむかっている場合には、延長する

図22　ダ・ヴィンチ「受胎告知」

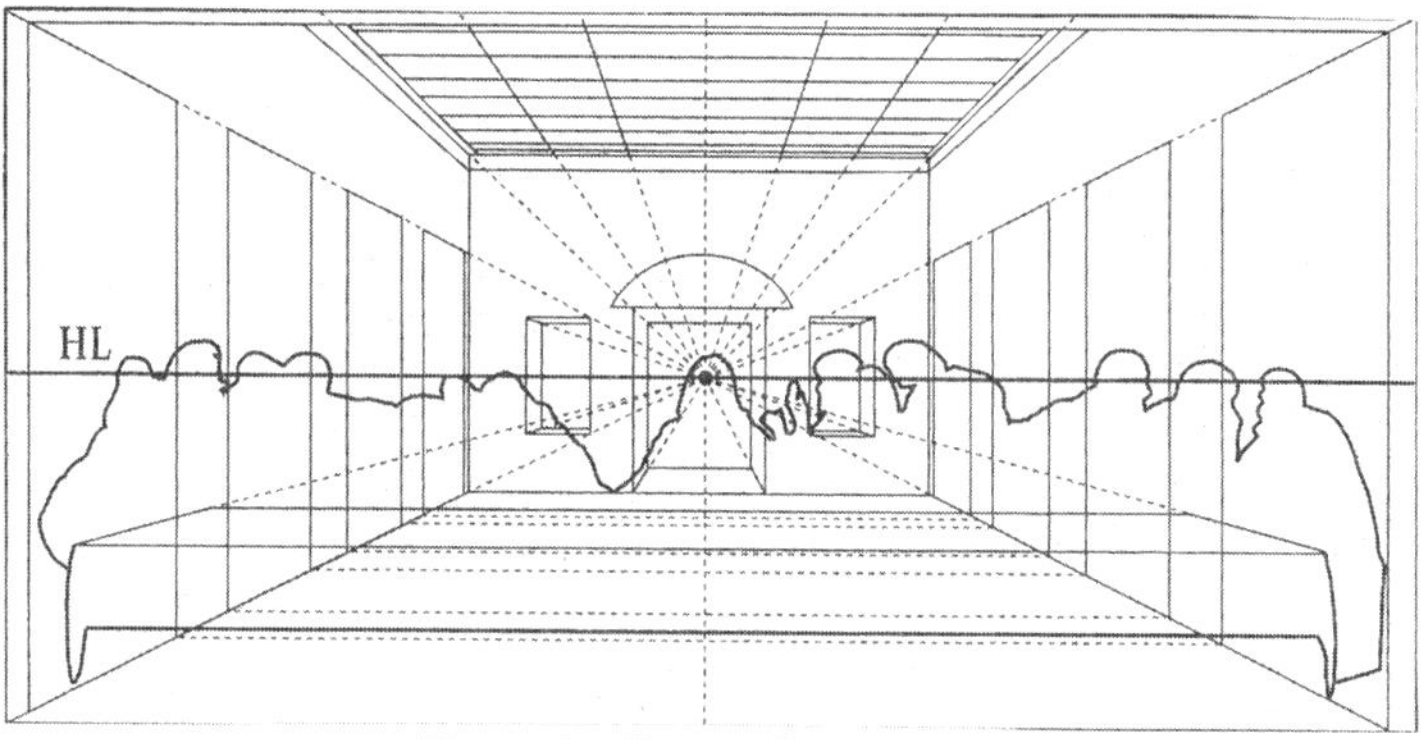

図23　ダ・ヴィンチ「最後の晩餐」

と画面上のこの地点にすべて収斂しそこで消滅するからです（電車のいちばん後ろから、走り過ぎた平行な二本の直線の線路を眺めていると、線路は遠くになるほど狭まっていきます。狭まっていく二本の線路を延長して交差する地点、それが消失点です。その地点の位置は、こちら側からそれを眺めている〈わたし〉の視点の位置なのです）。画面の消失点の位置に垂直線を立てて、垂直線上の手前のほうにしかるべき距離をとれば、そこに画家のパースペクティヴの視座が位置しているのです（図23）。

さきほどブルネレスキの実験の話をしましたが、ブルネレスキはサン・ジョヴァンニ洗礼堂の絵をまずパースペクティヴの手法で描いておいて、視座が位置する絵のなかの消失点のほうからこの絵を見るように仕立てたのです。そのために見える画面（つまり、パースペクティヴにおける透視する平面）のほうをしかるべき距離をとるように引き離したのです。それは鏡によって可能になっています。

前章で紹介しましたマッハの自画像はこのようなパースペクティヴの視座のところにいるマッハの〈わたし〉を描いたものです。ですから、デューラーの銅板画において、棒の尖った先端の位置が画家の（片方の）眼の固定した一点であるとのべてきましたが、この位置にあるのは固定した肉眼にすぎないことになります。パースペクティヴの視座にいる〈わたし〉の位置は、正確にいえば、それよりももう少しさがった、画家の網膜の中心窩の位置であるといわねばなりません。

ルネサンスの時代に確立されたパースペクティヴの視座、世界をその外に立って固定した一点から眺めるという、この新しいものの見かたは、まだ感覚・知覚的な拠点にすぎませんでした。しかし、それから二〇〇年を経て、デカルトがこの視座をものを考える拠点として基礎づけることになります。そのことについては、補論の第一章で詳しくお話することにします。

つぎに、西欧のルネサンスの時代に成立したパースペクティヴの視座にたいして、日本の伝統的な絵画の視点がどのようになっているか検討してみることにしましょう。

第一章で「洛中洛外図」（図7）についてふれました。そのときに、この絵は金雲によってつないだモザイク画であるとのべました。つまり、金雲の切れ間に描かれている一つ一つの光景が金雲によって他の光景と遮断され、断片化されることによって、それぞれの光景を描く画家やそれを見る鑑賞者の視点も断片化され連続していないのです。この断片的で非連続な視点についてもう少し考えてみたいと思います。

「洛中洛外図」の全体はどこか京都の高みに立って南のほうから北へと俯瞰したような体裁をとっています。しかし、このように俯瞰する地点（視点）は実際にはどこにも存在しませんし、またこの架空に設定された俯瞰する地点（視点）は実は固定されてはいないのです。一つ一つの光景を描く（鑑賞者の場合には、見る）ときに視点はそれぞれの光景の正面に位置しています。つまり、それぞれの描くときの（あるいは、見るときの）視点は、一つ一つの光景を上から下へ、あるいは、下から上へと上下に、また、右から左へ、あるいは、左から右へと左右に、あるいはまた斜め方向に、自由に動いていきます。さらに、ある一つの光景においても、視点は奥行方向に（手前から画面に近接する方向に）動きます。図24はその部分的な拡大図です。祇園祭の山鉾を眺めている、例

図24　「洛中洛外図」の拡大図（図7の右から三つ目の区画、下から三分の一の個所の拡大）

えば、女性たちの仔細に描かれた着物の紋様は、俯瞰する地点（視点）を離れて女性たちのすぐそばまで近接しなければ描けない（見えない）はずなのです。

このように描く（見る）ときの視点が自由自在に動き、決して固定されないというのが「洛中洛外図」がもつ視点の特徴です。このことは「洛中洛外図」に限定されるのではなく、日本の伝統的絵画の全体に共通する特徴です。日本の絵画では影を描くことは決してありません。何故でしょうか。影を描けば、光線の方向とのかねあいで、それを描いている人間の位置（視点）が確定してしまうからです。影を描くことは絵のなかに固定した視点を描きこむことを意味するのです。影を描かないというのは、固定した視点を描きこむことを拒否するということです。葛飾北斎（一七六〇―一八四九）や安藤広重（一七九七―一八五八）の版画に影を描いたものがあるではないかという人がおられるかもしれません。たしかにそのとおりですが、西欧の影響をうけた実験的な試みだったのでしょうか、かれらはすぐにやめてしまいました。

固定した視点を何故拒否しようとするのでしょうか。それには理由があります。その理由を理解するには山水画の例をあげるのが適切だと思います。図25は雪舟の「四季山水図　夏景」です。山水画を鑑賞するというのは、描かれた絵をその外から見るだけではなく、絵の世界のなかに入っていき、そこで遊ぶことを意味します。描かれている人物に寄り添い周りの光景を一緒に眺める、描かれている情景のところに居合わせてその情景を味わうのです。描いている製作者がまず最初の鑑賞者となります。描く（鑑賞する）視点を固定してしまうと、絵の世界のなかに入っていくことが不可能になり、自由に動くことができなくなります。日本人の伝統的な心性は、このような視点の自由な動きを要求するわけですが、そのように自由に動くことによって視点は必然的に断片的で非連続になるのです。

大野晋は、もともとの日本語にはヨーロッパ語の「自然」、例えば、英語なら nature、に相当す

図25　雪舟「四季山水図　夏景」

ることばはない、その理由は、古代の日本人が、「自然」を人間に対立する一つの物として、対象として捉えていなかったからであろう、と語っています（『日本語の年輪』新潮文庫）。すでにのべましたように、自然が一つの対象として成立するには、その外から全体として眺める必要があります。日本語の「山川草木」や「花鳥風月」は自然の内部で内部の個別のものをつなぎあわせてできたことばです。日本語としてあった「自然」は「じねん」（おのずからしかあり）という意味であり、対象としての自然のことではなく、心境を表現することばでした。明治以降になってこのことばをnatureの翻訳日本語として使うようになったのです。

ルネサンスのパースペクティヴの視座と日本の絵画の視点のありかたとは対照的です。両者を統一しようとしても統一不可能です。ですから、明治時代以降になって本格的に西洋画が輸入されるようになっても西洋画と日本画は対立したまま併存し続けているわけです。そしてわたしたちは両方の絵を、好みに応じて、あるいは気分に応じて、鑑賞しているのです。

さきほど、ルネサンスの時代に人間は対象としての自然を発見したとのべました。この時代はまた人間が空間というものを発見した時代であるともいわれます。空間というのは二次元の平面に奥行がつけくわわった三次元の世界です。パースペクティヴの視座が確立されるとともに、つまり人間が固定した一点から眺めるようになると、世界に奥行というものが成立するようになります。奥行は基準となる地点が定まらなければ成立しません。人間の眼にとって（思考にとってではないという意味ですが）空間は奥行がなければ存在することはないのです。ルネサンス以降の西洋画には空間が描かれていますが、日本の絵画は平板な感じがします。奥行をもつ空間が存在しないからです。視点が自由自在に動いてしまえば、奥行は成立しようがありません。もし、日本の絵画について空間を問題にしようとすれば、西洋画の空間とは全く異質な別のものになるはずです。

ルネサンスはまた人間が個性というものを発見した時代だともいわれます。パースペクティヴの視座に立つというのは、人間がそれぞれ孤立した視座に立脚して他の人間に対峙する（さきほど、対象としての自然に対峙する話はしました）ことを意味します。自と他は明確に区別され、他者は自己とは別の異なった存在として、自己はそのような他者とは別の異なった存在として意識されるようになるのです。自己が他者とは異なった存在であるという、かけがえのない自己の個性を意識するようになって、この時代に自画像が誕生します。その最初期の代表的な例を見ておきましょう。

図26はドイツのルネサンス時代の画家デューラー（透視画法の説明のときに紹介した画家です）が一五〇〇年に描いた青年時代の自画像です。図は顔の部分を拡大したものですが、その眼は実に細かくリアルに描かれています。何ものかを希求する心、何ごとかを成しとげたいという野望、不透明な未来にたいする漠然とした不安、未知の自分を見定めようとするひたむきな内省的なまなざし、青年特有のかすかな倦怠感などなど、眼のなかにはこの青年のあらゆるものが描きこまれています。

比較するために日本の絵画の例として浮世絵をとりあげてみます。図27は喜多川歌麿（一七五三―一八〇六）の三人の美人の絵（「高名三美人」）です。一枚の絵のなかに三人の理想的な美人が描かれています。三人の眼はただの点にすぎません。三人とも同じ眼をしていて、その眼は大きすぎず不細工でもないかわいい眼がついていますよ、閉じているのではなく開いていますよ、ということを表現しているにすぎないのです。西欧ではルネサンスの時代に人間の個性というものが成立した

図26　デューラー「自画像」（部分）

図27　喜多川歌麿「高名三美人」（部分）

とのべました。この絵はデューラーの自画像よりも三〇〇年も後に描かれたものですが、三人の美人の個性は問題ではないのです。現代でも日本画では事情は変わらないのではないでしょうか。

さきほど、ルネサンスの時代に成立したパースペクティヴの視座、すなわち、世界の外にでて世界をその外の固定した視点から眺めるしかたで描かれた西洋画と、世界の外にでることなく世界のなかを自由に移動する視点にもとづいて描かれた日本の伝統的絵画とを、わたしたちは、好みに応じて、あるいは気分に応じて、鑑賞している、といいました。わたしたちは、この統一不可能な対極的な視点（視座）にもとづいて描かれた絵画のあいだを、それと意識することなく、自在に行き来しているのです。

ヴェルサイユ宮殿の庭園に感嘆し、桂離宮の庭園に心のやすらぎを覚え、西洋近代絵画に好きな画家がいて、日本の伝統的な絵画にも親しみを覚える、というふうに、それと意識することなく、自在に行き来できるというのは、いいことかもしれません。感受性の幅がそれだけ広いわけですから。しかし、それと意識することがない、いいかえますと、その自覚がないというのは、庭園や絵画のような、二つのもののあいだを行き来するのではなく、ことばの問題になると、かなり深刻な事態をひきおこすことになります。

日本が明治になって本格的に西洋文化をつぎつぎに取り入れようとしたときに西洋のことばを日本語に翻訳する必要がありました。何故なら、西洋から取り入れようとした新しい事物はそれまでの日本になかったものです。ですからそれに対応する日本語を新たにつくる必要があったのです。こうして膨大な数の翻訳日本語ができました。いま、わたしたちが現在使っている日本語の語彙はこうしてできた翻訳日本語だらけです。このような語彙なしには現在のわたしたちの正確な意志の伝達はほとんど不可能なほどです。その翻訳日本語がものの名前を表わす場合には、ものとその名称が一致すればいいわけですから、それほど問題は生じません。しかし、ことがらを表わす場合には基本的な問題が生じます。

例えば、「社会」は日本語ですが、これは society の翻訳日本語であり、「個人」は日本語ですが、individual の翻訳日本語です。「社会」も「個人」も徳川時代までの日本にはなかったことばです。ことばがなかったということは、ことばが意味する内容や実質がそれまで存在しなかったということです。高島俊男は、このような翻訳日本語のことを「形はたしかに日本語だが、その内容、その実質は西洋語なのである」といっています。さらに文章は続きます。「日本人の頭は、これらの言葉を、西洋語の意味でしか、考えることも使用することもできない、すなわち、すくなくともこうした西洋輸入の言葉や観念に関するかぎり、われわれ日本人の頭は、もう百年以上も前から西洋に引越しているのである」と（『漢字と日本人』文春新書）。

明治以来、日本の国策は「脱亜入欧」でした。遅れたアジアを脱して、一刻もはやく進んだ西欧の仲間入りをしたいと志してきたのです（文明開花のスローガンは、そのような志向にもとづいています）。明治以来、日本人の志向は西洋一辺倒でした。そこに、翻訳の事情が加わってきます。わたしたち日本人の頭は西洋に傾斜しがちです。その理由は、たんなる西洋一辺倒の志向性ばかりではなく、わたしたちが、膨大な数の翻訳日本語を使おうとするとき、その圧倒的多数が「西洋輸入の言葉や観念」であるために、高島が指摘するような意味で、「西洋に引越し」せざるをえないからなのです。

ところが、やがて「社会」や「個人」ということばは、形が日本語であるために、時が経過するとともに、それがもとは翻訳語であったということが忘れられ、日本語としてひとり歩きしはじめるようになります。すると、その内容や実質も日本のなかに存在すると、当たり前のように、受けとられるようになりました。百年以上もまえから、こうした西洋輸入のことばや観念にかんしては、日本人の頭はすでに西洋に引越しているのですから、なおさらです。西洋に引越してしまった日本人の頭にとって、「社会」は society として、「個人」は individual として、その内容、実質は西洋の国にあります。つまり、日本語としてそのことばを使いながら、日本の現実を見ようとしない、日本の現実を見ていない、ということなのです。そして、見えていない日本の現実のなかで「社会」や「個人」ということばが日本語としてひとり歩きをはじめると、いとも簡単にその内容や実質が日本の現実のなかに存在するかのようにみなしてしまうということになるでしょう。

さらに、日本が経済的大国になると、日本人の関心は西洋のうちのアメリカにだけむかうようになり、西欧文化にたいする関心が急速に失われたようにみうけられます（それまでの西欧文化にたいする劣等感の裏返しで優越感に変わったのでしょうか。経済的にかなわないのはアメリカだけだというわけです。念のために申しそえますと、西洋というのは欧米と同じ意味です）。するとどういうことになるでしょうか。日本人の頭は、アメリカには引越しするけれども、西欧には引越ししなくなります。「社会」や「個人」という観念を生み出した西欧文化のことがこうして忘れられ、「社会」や「個人」は、その内容や実質がアメリカだけに存在するとみなされるか、あるいは、日本のなかにもともと存在するものと受けとられることになるでしょう。

いま、日本の現実のなかで、社会や個人はどのようなありかたをしているでしょうか。西洋と同じ society や individual として存在するでしょうか。政治家や大企業の社長などが事件の責任をとるとき（新聞やテレビなどのマスコミは社会的責任を問題にしますが）、「世間をお騒がせして申しわけありません」と謝るのが普通です。かれらは「世間」にむかって、お騒がせしました、と詫びているのです。かれらにとっては、「社会」ではなくて、「世間」（＝世間の目）が問題なのです。世間と社会は違います。世間は明治以前からあった日本語であり、社会は明治維新以後にできた翻訳語です。阿部謹也は、社会はヨーロッパの近代において自立した個人の集合体として成立した、とのべています。ですから、阿部のいうように、個人の意志の総体によって、どのような社会をつくるかを決めることができますし、社会を変革することもできるのです。ところが、世間は社会とは本質的に異なっている。世間は、生活の場としての世の中のことであり、はじめから与えられているものであって、それを変えることなどできないものです（『ヨーロッパを見る視覚』岩波書店）。

日本人は、阿部謹也のいうように、世間の常識（つまり、みんながそうする）に従い、世間がどう見るかを行動の基準とし、世間に依存して生きているのではないでしょうか。社会というものはタテマエの世界に存在するだけで、その社会のなかに西洋の individual としての「個人があたかも我が国に存在しているかの［ような］幻想の中で生きてきた」（『「教養」とは何か』講談社現代新書）のではないでしょうか。タテマエの世界では、社会が存在するかのように、個人が存在するかのように生き、実際のところは、世間に従い、世間がどう見るかを行動の基準にし、世間に依存して生きる。この二つを使い分けることによって、西洋に引越しをしてしまった頭では、社会が存在し、そのなかに個人が存在しているかのように生きながら、実際には、世間に依存することによって、個人として世間から突出する事態を回避することができるのです。

このような世間のなかで individual としての個人はどのようなありかたをしているでしょうか。河合隼雄が面白いことをいっています。教育の場で、個人を大切にしようとか個性を伸ばそうとか、教室によく大書してある。河合が、「こんなこと、アメリカではどこにも書いていない」というと、教育の現場の人はみんなものすごくびっくりする。アメリカでは個性は大事なんじゃないですか、と反論されるので、いや、そういうのはあたりまえな話だからわざわざ書く必要はないんだ、と答えるというのです。河合はさらにコメントをつけています。「日本では、「個性を大事にしましょう」と校長先生が言ったら、みんなで「ハァー」というわけで、「みんなでいっしょに個性を伸ばそう」

ということになって、知らない間にみんな一体になってしまうんですね。それほど、日本では個人ということがわかりにくいんですね」（『村上春樹、河合隼雄に会いにいく』岩波書店）。

どうして、日本では個人ということがわかりにくいのでしょうか。わかりにくいのは、わかっているつもりでわかっていないという意味で、社会ということも同様です。その理由は、個人や個性あるいは社会というものが成立する基盤にあるものの見かた・ものの考えかたを、それと意識することなく、いいかえますと、明確に自覚することなく、使用しているからです。この章でのべましたように、個人や個性が成立する基盤には、西欧のルネサンスの時代に確立された、ものごとを、その外の固定した地点に立って眺めるというものの見かたが存在しています。さらにいえば、補論の第一章でのべますように、十七世紀の哲学者デカルトが確立したものの考えかたが存在しています。個人が成立することによって、個人の集合体としての社会もまた成立するのです。

もうだいぶまえのことになりますが、新聞のコラムに大変興味深いジョークが載っていました。映画にもなったタイタニック号の救命ボートの話です。救命ボートに全員は乗りきれず、女性や子供を助けるために何人かが犠牲にならねばならない極限状態にあるという設定です。

船長が乗客を集めて状況を説明し、はじめに英国人に「貴方はジェントルマンだ」と言うと、彼は従容としてボートを離れた。米国人には「貴方はヒーローになれる」と言うとガッツポーズで海へ飛び込んだ。次にドイツ人に「これはルールなのだ」と言うと納得して従った。最後に日本人に「皆さんそうしていますよ」と言うと周りを見渡しながら慌てて飛び込んだ。（熊

（谷直彦「自らの意志を」『日本経済新聞』一九九九年十一月三十日夕刊）

これは、もちろん、ジョークですから架空の話です。しかし、日本人の国民性をいささかコミカルに見事に表現しているこのジョークがおかしくて思わず笑ってしまったあとで、苦い思いに捕らえられるのではないでしょうか。

皆がそうしていると聞くと、ジョークのなかの日本人は、何故、海に飛び込むのでしょうか。その理由は、皆がそうしていると聞くと、そこで思考が停止するということにあります。では、何故そこで思考が停止するのでしょうか。そこには、思考を停止させる精神的メカニズムが働いているのです。現代の日本人としての自己のありかたを自覚するためには、そのメカニズムを明らかにする必要があるように思います。次章ではそのことを念頭におきながら話を進めることにします。

第四章　日本人の〈わたし〉のありかた

——挨拶と自称詞（対称詞）について

わたしたちは人と出会ったときに挨拶をします。挨拶というのは人と人との出会いかたを定める基本的な儀礼です。前章のおわりに個性の話をしました。この章ではまず東西の挨拶の違いについて比較してみることにしましょう。人と人との出会いが個性的に行なわれるか、それとも没個性的に行なわれるか、その違いを考えてみたいのです。わたしたちはそこにそれぞれの文化における人と人との出会いかたの基本を見てとることができます。

日本人は朝、出会った人に「お早うございます」といって頭を下げます。西洋人、例えば、英語圏の人は"Good morning!"といいながら相手の眼を見てにっこり笑います。日本人と英語圏の人はこのとき、それぞれのことばで何を表現しようとしており、しぐさで何を表現しようとしているのでしょうか。挨拶なんて人間同士の関係をなめらかにするたんなる潤滑油であって、意味などないのだ、あるとしても、いちいちその意味など考えて行なっているのではないという人もいます。しかし、本来はそれぞれの文化の構造に根ざした意味をもっているはずなのです。いちいちその意味

図28　英語圏の人の挨拶

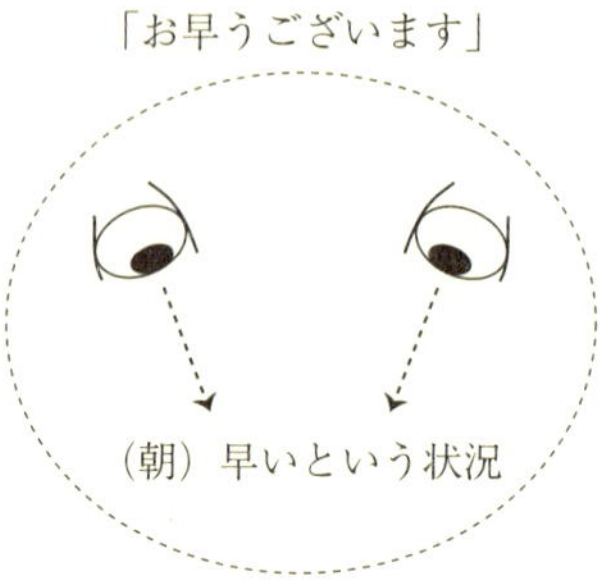

図29　日本人の挨拶

を考えながら行なっているわけではないのは確かです。ですから、「お早うございます」といって頭を下げた日本人に、いまあなたはどのような意味のことをいって、何故、頭をさげたのですかと尋ねても答えに窮するでしょう。

　さて、それぞれの挨拶（ことばとしぐさ）は何を表現しているのでしょうか。図を使って説明してみましょう。図28は英語圏の人の挨拶です。"Good morning!"は日本語に訳すと「良い朝を」（直接目的格）となります。その背後には"I wish you"（「私はあなたに願っています」）という文脈が省略されてかくれています。そういう気持を伝えたくて相手の眼をじっと見るのです。お互いににっこり笑いながら。〈わたし〉はこちらにいて、〈あなた〉は〈わたし〉の前にいます。このようにして〈わたし〉と相手とは互いに（〈わたし〉は〈あなた〉に、〈あなた〉は〈わたし〉に）自分の気持を伝えようとするのです。ですから、そのとき相手から眼をそらしているのは失礼にあたるわけです。

　図29は日本人の挨拶です。「お早うございます」というのは、「（朝）早いですね」という意味でしょう。そういいながら頭を下げる、つまり、お互いに相手から眼をそらし、相手を見ないようにするのです。眼の前にいる相手は見えなくなって視界から消えます。そのことによって、相手の前

にいて相手を見ている〈わたし〉も消滅します。そこに存在するのは、お互いにとって（朝）早いという状況だけです。このとき、相手の前から消えた〈わたし〉は、相手の目の前ではなく、この状況のなかに溶けこんでいるのです。同様に相手の〈わたし〉もこの状況のなかに溶けこんでいます。〈わたし〉と相手は互いに（〈わたし〉と〈わたし〉にとっての〈あなた〉、〈あなた〉と〈あなた〉にとっての〈わたし〉は）この状況のなかで、状況を共有しているのです。〈わたし〉と相手が、互いに共有する状況のなかに溶けこむことによって、〈わたし〉と相手は互いに触れあうのです。日本文化は、このような意味で、触れあいの文化です。腹を割って話したり、裸のつきあいをする、というのも、このようなしかたによる触れあいの別の表現であるといえます。ちなみに、別れの挨拶語は「さようなら」です。「さようなら」は「元来、接続詞で、それならばの意」（『広辞苑』）です。つまり、「それじゃ」や「じゃ」と同じ意味です。出会いにおいて、〈わたし〉が〈あなた〉と互いに出会ったのではなく、〈わたし〉と〈あなた〉は互いに共有する状況のなかに溶けこんで触れあったわけですから、別れるときには、英語圏のように、「また会いましょう」ではなく、「さようなら」「それじゃ」になるのです。茶会における心得としての「一期一会」というのは、日本人のこのような出会いと別れのしかたの洗練されたかたちであるといえるでしょう。

〈わたし〉と相手が互いに自分を消して共通する状況のなかに溶けこんで一体となる、そういうしかたで調和するのが日本人の挨拶です。ここには〈わたし〉という個人、〈あなた〉という個人は存在しません。挨拶をして互いに触れあいをすませたあとで、再び顔を上げます。それぞれの相手はまた眼の前にもどってきます。もどってきて、相手が、例えば、目上の社長ならば、相手を

「社長」と、目下である自分のことを「私」と称する、このように相手と自分を上下関係にしたがって称するのです。このことは状況のなかに〈わたし〉を溶けこませることによって成立しています（そのことについては、またお話しします）。それぞれの個の存在を没して状況を共有し、そのなかでまず触れあい、調和する、これが日本人の挨拶という儀礼です。

ちなみに、挨拶という日本語はどういう意味かご存じでしょうか。挨も拶も同じような意味で、身をすり寄せて押しあい圧《へ》しあいすること、を意味します。それが日本人の挨拶です。神社のお祭りで神輿を担ぐ行事が日本中で見られます。担いでいる人たちは、文字どおり、身をすり寄せて押しあい圧しあいします。あれは挨拶しているのです。担いでいる神輿には神霊がやどっています。身をすりよせて押しあい圧しあいするなかに神霊が顕現しているのです。日本人の神聖なものとの交わりはこのようなしかたで行なわれます。それが日本人の神輿を担ぐ祭りであり、また、比喩的な意味で、身をすり寄せて押しあい圧しあいをする挨拶なのです。

日本人の挨拶は、〈わたし〉を、互いに共有する状況のなかに没することによって触れあい調和する儀礼であるという話をしました。〈わたし〉を没して共有した状況のなかで自分と相手とが触れあい、この触れあいのなかで自分と相手との出会いが成立します。日本人の挨拶にみられる自分と相手とのこのような関係のありかたは、当然のことですが、ことばのなかにも反映しています。〈わたし〉のありかたに焦点をあてながら、そのことについてお話することにします。

鈴木孝夫は『ことばと文化』（岩波新書）のなかで非常に興味深い、示唆に富む見解をのべています。鈴木の見解を紹介しながら話を進めることにしましょう。

ラテン語の ego、英語の I、ドイツ語の ich、フランス語の je などのインド・ヨーロッパ系言語の一人称代名詞は、同一のことばが何千年にわたって一貫して用い続けられています（これらの代名詞は鈴木が説明しているように同一の源に溯ることができるのです）。これは日本語と比較してみると驚くべきことだといわねばなりません。日本語はそうではないのです。一人称代名詞に相当する（とみなされている）日本語は歴史的に目まぐるしく交替しており、決して単一ではありません。しかも、日本語の自分を指す代名詞は、もとは何か具体的な意味をもっていた実質詞からの転用です。いま標準語で使用されている「私」は、もともとは「公けに対し、自分一身（だけ）に関する事柄」（『広辞苑』）を、「僕」は「しもべ。下男」（同）を意味する名詞でした。そのような具体的な意味をもっていた実質詞が転用されて自分を指す代名詞として使われるようになったのです。つまり、日本語は自分そのものを直接に指し示すことば（インド・ヨーロッパ系言語の一人称代名詞に相当することば）をもってはいないのです。このことは一人称代名詞に相当する（とみなされている）日本語が歴史的に目まぐるしく交替してきたこと以上に驚くべきことではないでしょうか（自分そのものを直接に指し示すことばがないから、歴史的に目まぐるしく交替してきたといえるでしょう。また、このことは、伝統的な日本文化において、ものを見る・ものを考える固定した拠点が存在しないという事実に当然対応しているわけです）。

また、インド・ヨーロッパ語における一人称代名詞は、話し手がもっている具体的な性質（地位、年齢、性別など）に全く無関係で、ただ対話という言語活動における能動的行為者として、受動的行為者である相手に対するという、抽象的な役割を表明する機能をもつだけです。話し手としての抽象的な役割しか明示しないということは、いいかえますと、話し手の言語的自己規定が、相手や周囲の状況とは無関係に、自発的独立的になされる、さらにいえば、相手の存在や周囲の状況を認識するに先んじて、自己の認識が言語によって行なわれるということを意味します（この事実は第三章でのべましたように、〈わたし〉が世界の外にでて世界の外の一点に固定されているという事態に対応しています）。

ところが、日本語では話し手がもっている具体的な性質（地位、年齢、性別など）とは無関係ではありえませんし、自己の認識は相手や周囲の状況の認識の後から成立するのです（この事実は、〈わたし〉が相手と共有する状況のなかにまず溶けこんで、相手と触れあい、その後から自称詞が成立するという事態に対応します）。つまり、話し手の言語的自己規定がインド・ヨーロッパ語と順序が逆になっています。鈴木孝夫は実にさまざまな例を挙げて周到に論じていますが、ここでは、そのうちのいくつかをとりあげて説明するにとどめます。これからは日本語の「私」や「僕」などのような自分を指すことばを、インド・ヨーロッパ語にならって一人称代名詞とよぶことをやめて、自称詞（そして、相手の場合は対称詞）とよぶことにします。鈴木が指摘しているように、「私」や「僕」などの代名詞は用途がかぎられていますし、自分を指すことばはこのような代名詞ばかりではなく名詞がよく用いられるからです。さらにいえば（鈴木の指摘を訂正することになりますが）、「私」や「僕」などは代名詞というよりも、名詞とよぶほうがふさわしいものであり、そもそもインド・ヨーロッパ語の一人称代名詞に対応するものではないからです（例えば、金谷武洋『日本語に主語はいらない』講談社、二八頁を参照。この本については、またさきでふれます）。自称詞とは自分を指すことばのすべてを意味しており（また対称詞とは相手をさすことばのすべてを意味しており）代名詞ばかりではなく名詞もふくみます。

例として父親と息子の対話を考えてみましょう。父親は息子にたいして「お父さんは…」といいます。「お父さん」というのは父親の自称詞です（英語ならＩです）。息子のほうは、自分のことを「僕」といいます（英語なら　これもＩです）。使われる自称詞は相互に同じものではなく、非相称的です。日本語は基本的に上下関係の構造をもつ言語です。その構造は敬語に象徴的にあらわれています。敬語の基本は尊敬語と謙譲語ですが、尊敬語は相手を持ち上げることによって自分を下げる、謙譲語は自分を下げることによって相手を持ち上げるというしかたで上下の関係をつくりだす働きをします。人と人との関係が上下の構造をしているために、自称詞も相称的ではありえないのです。

父親と息子の場合、父親は目上であり息子は目下です。相手を役割でよべるのは目下が目上の人にたいする場合にかぎられます。息子は父親を「お父さん」とよぶことができますが、父親は息子を「息子」とはよべません。目上と目下の間には言語上の厳然とした境界があるのです。父親の自称詞「お父さん」というのは、目下の息子が父親である自分をよぶ、まさにそのことばをひき取って、自分のことを称しているのです。目下の息子が目上の父親にたいして用いる自称詞は「僕」です。「私」や「僕」という自称詞は目下が目上にたいしてしか使えないのです。状況が違えば、父親は、自分の会社の社長にたいしては、今度は「私」と称するでしょう。

ここには日本人の自称詞が、〈わたし〉を没して共有する状況のなかから成立するというしかたが二重に見られます。父親の自称詞は「お父さん」ですが、これは目下の息子に自分を同調させ、息子に成りきった視点から自分を眺めることによって成立しています（つまり、父親の〈わたし〉は、息子との触れあいのなかに溶けこんで、息子の眼で自分を眺めているわけです）。この自称詞は、自分が息子にたいしてもっている親という役割を言語的に確認することであり、また同時に間接的に息子に自分の子供としての従属的な役割を付与することになります。息子の自称詞は「僕」ですが、これは父親と息子という互いに共有する状況のなかで上位者としての父親を承認することによって成立しているのです。さきほど、日本語の自称詞が、話し手がもっている具体的な性質（地位、年齢、性別など）とは無関係ではありえないとのべたのは、日本人の自称詞がこのようなしかたで成立するものだからです。さらにつけくわえておけば、「私」や「僕」という自称詞は同一人物（父親なら父親、息子なら息子）自身においても状況に応じて使い分けられます。さきほど、父親が自分の会社の社長にたいしては「私」と称するとのべましたが、同じく目上である自分の父親にたいしては、今度は、「僕」と称するわけです。状況に応じて自称詞が変わります。このような意味でも「私」や「僕」が状況のなかから成立するということができるのです。

今度は対称詞として用いられる「お父さん」ということばについてさらに考えてみましょう。このことばは妻が夫をよぶときにも使われます。「お父さん（パパ）これどうかしら」のように（そして、夫の方は妻を「お母さん（ママ）」とよぶわけです）。妻にとって夫は夫であって自分の父親ではありません。妻が自分の夫を、〈わたし〉にとっての〈あなた〉ではなく、「お父さん」とよぶことができるのは、妻の〈わたし〉が相手の夫を直接自分の立場から見ることをせず、自分たちの子供の立場を迂回して、子供の立場に同調して間接に捉えようとするからです。妻の〈わたし〉はこのとき、心理的に子供に同調し、子供の視点のなかに居合わせています。

さらに、「お父さん」ということばは母親（妻）が子供の前で夫のことに言及するときにも使われます。「お父さん（パパ）遅いわね」のように。この場合もさきほどと同様です。彼女は、自分自身の立場から見れば夫でしかありえない人物を、直接自分の立場から見ることをせず、目の前の子供の立場に心理的に同調し、自分の立場を子供の視点に同一化しているのです。

以上、鈴木孝夫の見解についてのべながら日本人の自称詞（と対称詞）がどのようなありかたをしているか、基本的な構造を見てみました。日本人の〈わたし〉は自称詞のなかには居合わせてはいないのです。日本語は自分そのものを直接に指し示すことば（インド・ヨーロッパ系言語の一人称代名詞に相当することば）をもってはいないと鈴木がいうのはそういうことです。「私」や「僕」があるではないかと思われるかもしれません。しかし、これらの自称詞は、さきほどのべましたように、もとは具体的な意味をもっていた名詞から転用されたものであり、自分そのものを直接に指し示すことばではないのです。挨拶のところでのべたことですが、自分の会社の社長にたいして自分のことを「私」と称するとき、表現に表われたこの「私」は、目上の社長と目下の自分という関係が成立している状況のなかから生み出された自称のことばであって、そう自称している〈わたし〉は、この状況のなかに溶けこんでかくれているのです。

父親と息子の対話で、父親が自分のことを「お父さんは…」と称するのも同様です。父親は息子の視点に自分を同調させて、その視点から自分を見ているわけですが、表現に表われたこの「お父さん」は、目上の自分（父親）と目下の息子という関係が成立している状況のなかから生まれた自称のことばであって、そのような自称のしかたをする〈わたし〉はこの状況のなかに溶けこんでかくれています。また、妻が自分の夫を「お父さん」と呼ぶ（そして、夫が自分の妻を「お母さん」と呼ぶ）とき、妻と夫は互いから眼をそらし（そらさなければ、相手は夫であり妻であるわけですが）、お互いの〈わたし〉は共有する子供という状況のなかに溶けこんでおり、子供の視点から相手を称することばを用いているのです。子供にたいして母親（妻）が自分の夫を「お父さん」とよぶのも、母親（妻）が、子供の立場に心理的に同調し、自分の立場を子供の視点に同一化しているのだとのべました。自分と子供との間で、子供の父親（自分の夫）を話題にするという状況のなかで、妻の〈わたし〉はやはり、この状況のなかに溶けこんで、もっと正確にいえば、子供の視点のなかに溶けこんでいるのです。

日本人の〈わたし〉は、このように、すべての場合において、相手と共有する状況のなかに溶けこんでいます。この構造は挨拶の場合と基本的に同じです。第一の例の父親と息子の場合の父親、第二の例の妻と夫の場合の妻、第三の例の母親と子供の場合の母親はいずれも、それぞれ息子と、夫と、子供と共有する状況のなかに溶けこみ、そこで触れあっている、いいかえますと、挨拶を交わしているのだということができます。このような触れあいのなかから日本人の自称詞（対称詞）は成立しているのであり、また逆に、触れあいを可能にするために日本人の〈わたし〉は状況のなかに溶けこむのです。

小津安二郎の映画にそのような日本人のありかたを見事に映像化した作品があります。例えば、『東京物語』のなかに、東京にいる息子や娘たちを訪ねて尾道からはるばる上京した老夫婦が、熱

図30　小津安二郎『東京物語』

海温泉の海岸の防波堤に二人並んで腰を下ろして海を眺めながらしみじみと会話を交わす有名な場面があります（図30）。会話のなかで、妻は夫に「お父さん」と、夫は妻に「お前」とよびかけています（妻のことを夫が「お母さん」とよぶのは子供たちにたいしてです）。このとき、二人の〈わたし〉は共有する子供たちのもとに溶けこんでいます。さらにいえば、二人の〈わたし〉は眼前の大海原のなかに同時に溶けこんでそこに居合わせているのです。「東京も見たし、熱海も見たし……。もう帰るか」という夫のことばは、二人をつつむ大自然のなかから自ずから湧きでてくるかのようです（その前後の二人の会話を引用しておきます。夫「ウーム……。そろそろ帰ろうか」／妻「お父さん、もう帰りたいんじゃないですか？」／夫「いやア、お前じゃよ。お前が帰りたいんじゃろう。……東京も見たし、熱海も見たし……。もう帰るか」／妻「そうですなア、帰りますか」）。この場面は、人間同士が正視しあい、そこに自然が入りこむ余地のないのを当然のことと考えている西洋文化圏の人たちにはたいへん新鮮に映るようです。ちなみに、結婚通知の挨拶状で日本人は、「私たちはこの度結婚することになりました」といういいかたをします。なんだか、成り行きで結婚するにいたったかのようです。丸山真男のいうところのこのような「なる」の発想（「歴史意識の「古層」」）は、〈わたし〉が状況（自然）のなかに溶けこんでいることから生まれます。行為の主体としての〈わたし〉が溶けこんで消滅していれば、行為としての「する」の論理（『日本の思想』岩波新書）は成立しません。こうして『東京物語』の老夫婦は尾道に帰ることになるのです。

オギュスタン・ベルクは、パリ東洋語学校で日本語を習い始めたころ見た日本の戦争映画の一シーンに不思議な感動を覚えたと書いています。危険が迫っているにもかかわらず、持ち場を離れたくないという看護婦に医者が理由を尋ねます。その看護婦はしばらく黙っていましたが、とつぜん、眼をそむけたまま、医者に、「好きです」といいました。フランス語の字幕は je vous aime（〈わたし〉は〈あなた〉を愛しています）です。しかし、日本語には、誰が誰を愛しているかを示す主語も目的語もいっさいありません。おまけに、この女性は医者のほうを見ているわけでもないのです。「この文章は、その場面中のどこかに、ある種の愛の感情が存在していること以外、何も示してはいなかった」とフランス人のベルクはのべています（『空間の日本文化』宮原信訳、ちくま学芸文庫）。

日本語は主語なしに文が成立します。主語を省略しているのではなく、文に主語を必要としないのです。「行く？」、「行かない」という二人の対話には主語がありません。このとき、〈わたし〉も

〈あなた〉も、二人で共有する状況のなかにいるのです。主体（subject）は状況のなかにあり、主語（subject）は状況のなかにあります。オギュスタン・ベルクの例でいえば、看護婦の〈わたし〉も、そして看護婦にとっての〈あなた〉も（医者の〈わたし〉も、医者にとっての〈あなた〉も同様です）その状況のなかにあり、表現としての文には表われないのです。

主語ということばは英語の subject の翻訳日本語です。主体ということばも、同じ subject の翻訳日本語です。主語と主体とが、翻訳日本語では別々であるにもかかわらず、原語では何故、同一のことばであるのかといいますと、主語というのは、文章（命題）において、主体が、「それについて何かを主張する当のもの」（『広辞苑』）だからです。つまり、主語というのは、「それについて何かを主張する」主体が存在しなければ存在しないのです。主語は、その背後に主体が存在することによって成立します。主語と主体とは表裏一体の関係にあるのです。

日本語が、文に主語を必要としないのは、〈わたし〉という主体が、相手と共有する状況のなかに溶けこんでいるために、そもそも主語の成立のしようがありませんし、主語の必要性もないからです。さきほどの「好きです」という看護婦のことばは、ごく自然な日本語です。もし、そのとき看護婦が、「私はあなたを愛しています」といったら、その看護婦は、原語がフランス語か英語か何語かわかりませんが、翻訳日本語をしゃべっているのです（もう少し、日本語らしくいえば、「私はあなたが好きです」となるでしょう。しかし、この文章は「好きです」というのとはニュアンスが違います。例えば、医者が「君は彼が好きなんだろう?」といったのにたいして、「私はあなたが好きです」と答える場合に使われるのです）。

さらに、「はじめに」でもふれましたが、「私」という自称詞は〈わたし〉とは同じではありません。すでにのべましたように、「私」は、〈わたし〉という主体が状況のなかに溶けこむことによって、その状況のなかから、目上の相手にたいして、あるいは、改まった場面などにおいて、成立する自称詞なのです。「私」というのは、主語（主体）になる資格をもつことばではなく、状況によって定まることばにすぎないのです。そのような「私」を英語やフランス語やドイツ語などの一人称代名詞（I, je, ich）に重ねあわせて、ヨーロッパ語の一人称代名詞と同じであると誤解しているにすぎません。

日本語の動詞（用言）に活用という現象があります。か行五段活用などというものです。例えば、「行く」という動詞は、行か（ない）、行き（ます）、行く、行く（とき）、行け（ば）、行け、行こ（う）などとなります。この現象はわたしたち日本人には馴染みのものですが、ヨーロッパ語からすれば実に驚異的な現象なのです。なにしろ、活用というのは、「行く」という、この場合は、動作を表現する動詞において、「誰が」行くのか、その動作を行なう人間（これがヨーロッパ語の主語ですが）との関係がまったくないからです。「私が」行く、「あなたが」行く、「彼が」行く、「私たちが」行く、などのように、「　」の箇所（ヨーロッパ語では主語の箇所）がどうであろうと、動詞「行く」になんの変化もありません（関係がないから変わらないのです）。ですから、AとBという二人の人物のあいだで、「行く？」、「行かない」という主語なしの会話文が成立するのです（ヨーロッパ語では主語がなければ文は成立しません。この会話を英語にそのまま置き換えてみるとわかるでしょう。“Go?”, “Don't go.” ではだめなのです）。

そのかわりに、日本語では、動詞に続く要素（後続詞とよびます）との関係が緊密です。「行く」という動詞に「ない」をつけて否定するときに、「行く」ない、ではだめで、「行か」ない、としなければなりません。これが活用です。ヨーロッパ語では、「誰が」（ものであれば、「何が」）という主語と動詞は切り離すことができない関係にあります。そのために動詞は主語に応じて変化します（いわゆる人称変化です）。現代英語はヨーロッパ語として例外的にこの変化がほとんど消滅してしまいました。はっきりと残っているのは be 動詞だけで、一般の動詞では三人称単数現在形に痕跡を残すのみです。しかし、フランス語やドイツ語などではすべての動詞が主語に応じて変化します。それにたいして、日本語では「誰が」（「何が」）という、ヨーロッパ語でいえば、主語の位置にくることばと動詞とは関係がなく、密接な関係があるのは、それに続く要素なのです。日本語では、動詞は、ヨーロッパ語では主語であるはずのことばとは無関係で（主語の背後に存在する主体は状況のなかに溶けこんでいます）、動詞が置かれた状況（後続詞との関係）によって左右されるのです。それが活用という現象なのです。

聡明な言語学者たちは日本語には主語がないと主張しています。しかし、一般に流布しているいわゆる学校文法では主語があり、その主語が省略されると教えるのです。学校文法はヨーロッパ語の文法を下敷きにして、つまり、ヨーロッパ人になったつもりで（その自覚がないのがいちばんの困りものなのですが）日本語を説明しようとするものです。日本人が日本語そのものについて自分の頭で考えたものではありません。そのような学校文法にたいして果敢な挑戦をし続けた三上章は「主語廃止論」をとなえています（代表的著作に『象は鼻が長い』、『現代語法序説』などがあります）。その三上の見解を受け継いでさらに発展させようと努力している人に金谷武洋がいます。

さきほど、オギュスタン・ベルクの映画の話を紹介しました。それは看護婦が医者にむかって「好きです」という場面でした。この「好きです」という文は、金谷もいうように、日本語として完全に自立した文章です。文としては自立しているのですが、フランス人のベルクがとまどったように、「誰が誰を好いているのか」これだけではわからないのも確かです。そのことについて金谷は、「具体的な状況下では、その二つの「誰」にどの個人が当たるのかはコンテキストが特定化する」とのべています（『日本語に主語はいらない』講談社、四四頁）。金谷は言語学者ですからそういういいかたでいいのですが、思想的にいえば、「好きです」だけで用が足りる（日本語の文として自立できる）のは、看護婦と医者の互いの〈わたし〉と〈あなた〉が状況のなかに溶けこんで、そこでふれあっているからである、ということになります。

金谷は『日本語に主語はいらない』の第五章で、日本語の自動詞と他動詞について語っていますが、その独創的な見解には目から鱗が落ちる思いがします。この自動詞と他動詞にかんする見解は、もちろん、金谷の主語無用論にもとづくものです。学校文法では、他動詞というのは直接目的語（〜を、たとえば、あなたを、となる格）をとる動詞のことであると教えます。自動詞というのは、そうではない動詞であるというわけです。つまり、英語なり他のヨーロッパ語なりの文法にもとづいて考えているのです。なんと怠惰で愚鈍なことを教えるのでしょう。これでは、まるで、生徒に目つぶしを食らわせて日本語の真相が見えないようにするために教えているようなものです。日本語の真相が見えなければ、日本語を自覚して使うことはおぼつかなくなり、日本語の特性に無自覚なままふりまわされることになります。

金谷は違います。その整然とした緻密な論証をここでそのまま再現するすることは不可能ですので、結論だけ紹介します。金谷は、「日本語における自動詞と他動詞の機能の差」は「自然の勢いか、人間の意図的な行為か」という点にあり、これこそが「日本語に即した自/他動詞の機能対立である」といいます。「自動詞には存在/出現を示す「ある(有る/在る/生る)」が使われている。……日本語の「ある」は「人間のコントロールの利かない自然の勢いと状態」を表現する。……他方、他動詞には「する」の古形である「す」が使われている。……他動詞は自動詞とは反対に「人間の人為的、意図的な行為」をあらわすのだ」(同書、二〇一頁)。そのことを金谷は、態(ヴォイス)の観点から、「ある」、「す」を形態素として用いながら、「人間のコントロールの利かない自然の勢い」を存在動詞「ある」起源の形態素が担うものとして、受身/自発/可能/尊敬の(R)AREから自動詞のARIへ、そして、「人間の人為的意図的行為」を表わす他動詞である「する」(古形「す」)起源の形態素が支えているものとして、他動詞のSIから使役の(S)ASEへと、総合的、体系的に説得的な連続線で示しています(なお、形態素は連用形で示されています。同書、二〇四頁)。この連続線はさらに、二一五頁に示されているように、精密な仕上げがなされますが、ここではアウトラインを紹介するにとどめました。

金谷によれば、自動詞は「自然」を表わし、他動詞は「人為」を表わすのです。自動詞の「自然」とは「自(おの)ずから然(しか)り」つまり「しかあり(=その様にある)」ということであり、他動詞の「人為」とは、「人が為(な)す」ことです。この「自然」と「人為」ということばにさえ、連続線を構成する基本動詞の「ある」と「す」が見え隠れしている、と金谷はいっています。このような金谷の見解に立てば、日本語の自／他動詞の機能の対立は「平安時代からすでに正しく理解されていた」ことが見えてきます（同書、二二八頁）。そのことが、「英文法もどきの日本語文法に目を眩まされて」（二三三頁）現代の日本人に見えなくなってしまったのです。何故、見えなくなったのか、その原因の根本は、ヨーロッパ語の一人称代名詞が日本語の「私」（や「僕」など）と同じであるとみなして、「英文法もどきの日本語文法」で日本語を解釈しようとした無自覚な錯誤にあります。

日本語には主語がないという話にもどります。主体、主語という翻訳日本語の原語は英語でいえば二つとも subject です。この語は元来は、「〜の下に投げられたもの」を意味していました。つまり、現在でいえば客体、対象の意味で使われていたのですが、近代にいたってヨーロッパでは、客体、対象のなかから立ち上がり、客体化、対象化する主体の意味に転換をとげたのです。日本語の主体、主語は明治以降にできた翻訳日本語であり、状況という、あるいは第八章でのべますように、自然という客体や対象の下に、語義どおりに、投げられており、そこに溶けこんだままであるということができるでしょう。主語がない日本語には確かに曖昧なところがあります。しかし、日本語には主語がなくて曖昧だといって非難するだけではすまないのです。日本語に主語を求めようとするのならば、「英文法もどきの日本語文法」で幻想の主語を編みだすのではなく、状況や自然のなかに溶けこんでいる主体〈わたし〉を見据えて、そこから主体の〈わたし〉を立ち上がらせる以外に方法はないように思われます。

第五章　世界の外にでた〈わたし〉には世界の内部が見えなくなる――仏像のまなざしについて

もの（対象ないしは世界）の外にでて、外からそれを眺めるという見かたはヨーロッパのルネサンスの時代に成立したという話を第三章でしました。このものの見かたは、〈わたし〉が世界の外にでて、外から世界を対象として見るというものです。さらに、このようなものの見かたにもとづいて、〈わたし〉が世界の外にでて、外から世界を対象として考えるという、ものの考えかたを確立したのは、補論の第一章でお話しますように、十七世紀のフランスの哲学者デカルトです。このようなものの見かた、および、ものの考えかたを日本人は明治時代になってから（明治元年は一八六八年ですから、今から百四十年ほど前になります）本格的に輸入するようになりました。明治になって喧伝された文明開化という政策は日本を近代化（つまり、日本の古いものを捨て去って、西洋の新しいものをあらゆる領域でうけいれて西洋化）しようということでした。

しかし、この近代化の基底にあるものの見かた、ものの考えかたは、日本の伝統的な感性のなかから生まれたものではありませんでした。第三章、第四章でお話しましたように、日本人の伝統的な〈わたし〉は、状況のなかに溶けこみ、状況の外にでることはありません（そのようなありかたの基本は、また第八章でのべますように、〈わたし〉が自然のなかに溶けこむことにあります）。ですから、明治以降の日本人は、〈わたし〉が状況や自然のなかに溶けこむというしかたで成立している伝統的な感性のうえに、それとは異質な、〈わたし〉が世界の外にでて、世界をその外から対象として見るという西洋から輸入したものの見かた・ものの考えかたを身につけるという宿命的な精神の二重構造をかかえこむことになりました。

ナチスのドイツを逃れて来日し、一九三六年から四一年まで東北帝国大学で教鞭をとったことがあるカール・レーヴィットという哲学者は、日本人のそのような精神構造を階段のない二階家にたとえています。一階は伝統的な感性の領域、二階は輸入したものの見かた・考えかたの領域、一階と二階の間に連絡がないというのです。明治以降の日本がとってきた「和魂洋才」（日本固有の精神を堅持しつつ、西洋の学問・知識を学びとる、という日本の伝統文化と西洋文化にたいする対応のしかたのこと）という政策は、このような精神の二重構造を維持しようとする姿勢のことをいいます。

一階と二階の間に連絡がない精神の二重構造をもち続けるとどのようなことが生じるでしょうか。二つのことを指摘してみます。一つは、輸入したものの見かた・考えかたに磨きがかかればかかるほど、伝統的な感性から離れていくことになりかねません。ラフカディオ・ハーン（小泉八雲）は、明治時代にすでに、学問をすればするほど、西欧では、感性はより柔軟になっていくのに、日本の学生は感性が硬直していく、と嘆いています。これは、輸入したものの見かた・考えかたが、日本の伝統的な感性とは異質なものであり、両者が連携していないので、このものの見かた・考えかたに精神が集中すればするほど日本の伝統的な感性から離れていき、感性が萎縮し硬化していくということになるからです。もう一つは、もっと深刻な事態で、ついには日本の伝統的な感性を見失い忘却してしまうということが生じます。自分の感性を見失うと、そのことによって自分とは異質な西洋文化もまた見えなくなるでしょう。何も見えなくなった精神は根無し草のようになって、思い做しにすぎない日本の伝統文化や西洋文化を求めて、ただひたすらさ迷うということにもなりかねません。このような事態が生じる原因の根底にあるのは、状況や自然のなかに溶けこんで、その外にでることのない伝統的な日本人の〈わたし〉と、世界の外にでて、外から世界を対象化する〈わたし〉とが、乖離しており、両者が異質なまま放置されていることにあります。

この章では日本の仏像をとりあげてみたいと思います。わたしたちの現在のものの見かた・考えかたは、明治以降に輸入して身につけたものであり、伝統的な感性とは異質で、感性と連係していない、いいかえますと、両者が乖離しているという話をしましたが、その具体的な例を、仏像を話題にしながら示してみたいのです。仏像を見て何を感じるか、その感じたもの（感性）を、良質の場合は、輸入して身につけたものの見かた、および、思考のありかたによって、対象化するということになります。しかし、このものの見かた考えかたは、対象（この場合は仏像です）の外にでて、それを外から眺めて思考するものですから、仏像というこの対象のなかに入ることは決してありません（念のためにいえば、良質ではない場合というのは、仏像を見て何も感じない場合です）。仏像を対象として外から眺めるだけで、対象の内部についに入ることがなかった例として日本の代表的な知識人の一人である和辻哲郎（一八八九－一九六〇）をとりあげてみます。

現在東大寺の戒壇堂の東西南北の四隅に安置されている四天王像は、八世紀前半、奈良時代の作だといわれています。この四天王像の「写実と類型化との手腕」に和辻哲郎が感銘をうけたことが、『古寺巡礼』（一九一九年）のなかにのべられています。和辻がこれらの仏像に接して、何をどのように感じたかは、四体の仏像のうち、とくに、広目天（図31）にかんして、つぎのように語られています。

眉をひそめた顔のごとき、きわめて微細な点まで注意の届いた写実で、しかも白熱した意力の緊張を最も純粋化した形に現わしたものである。その力強い雄大な感じは、力をありたけ表出しようとする力んだ努力からではなく、自然を見つめる静かな目の鋭さと、燻《いぶ》しをかけることを知っている控えめな腕の冴えとから、生まれたものであろう。だからそこには後代の護王神彫刻に見られるような誇張のあとがまるでない。しかし筋肉を怒張させ表情のありたけを外面に現わしたそれらの相好よりも、かすかなニュアンスによって抑揚をつけた静かなこの顔の方が、はるかに力強く意力を現わし、またはるかに明白に類型を造り出している。（『古寺巡礼』岩波文庫、四八頁）

和辻は、広目天像の「眉をひそめた顔」、「かすかなニュアンスによって抑揚をつけた静かなこの顔」のなかに、「写実と類型化との手腕」の卓抜さを見ています。和辻にとってこの仏像の表現しているものは、「白熱した意力の緊張」、「力強い雄大な感じ」です。そして、この像が和辻にあたえた「力強い雄大な感じ」は、仏像の作者の「自然を見つめる静かな目の鋭さと、燻しをかけることを知っている控えめな腕の冴えとから、生まれたものであろう」と推測しています。

ほかにいくつも存在する四天王像のなかから、和辻がとくに戒壇堂のそれを優れたものであるとのべていること、また、戒壇堂のなかでも、広目天像に着目しているという点には全く同感できるでしょう。さらには、和辻が広目天像のなかに感じとり、見てとったことがらも、異論をはさむ必要はないように思われます。しかし、この引用文に続く和辻の文章は、四天王の骨相が明らかに蒙古系のものでありインド人や西域人のものではなかろう、とか、着《つ》けている鎧について、武具は中央アジアかシナ風のものに相違ない、というような考証へ連なっていきます。そのような考証的な

図31　広目天像（上は顔の部分）

観察も意味のあることですが、和辻の眼は、広目天像の装束しか見ておらず、足下に踏みしめられている邪鬼については何も語られていません。邪鬼は見過ごされているのです。広目天像は邪鬼まで含めて全体として一つの作品をなしています。

さらに、和辻は広目天像の眼についても何もふれていません。ある意味で当然のことですが、仏像彫刻の要諦は、その眼にあるということができます。そのような一般化を留保しても、戒壇堂の四天王像の場合には、その眼を無視することはできません。広目天像は四体の天王像のなかでも、もっとも抑制のきいた作品です。その姿体の微妙な動きのほとんどは、像の内部にむかっており、急速で回転する独楽《こま》が静かに見えるように、静謐さのなかに激しい躍動感を秘めています。左右の眼は、注意して見ると気づくように、相互のバランスが僅かにくずしてあり、二つの眼もまた静止しているのではなく、ある運動のなかにあることがわかります。このような両眼は何を見つめているのでしょうか、また、この像の静かな動きは、眼とどのような関係にあるのでしょうか。

和辻哲郎は、広目天像の「眉をひそめた顔」のなかに、「きわめて微細な点まで注意の届いた写実」と、「白熱した意力の緊張を最も純粋化した形」とを見ています。顔のなかには眼は当然ふくまれているわけですが、眺めている和辻の眼は、眺められている仏像の眼そのものを主題化する（対象化する）ことはありませんでした。広目天像の側からいえば、その眼は、和辻の眼に届いていないということです。仏像の眼と、仏像を見る和辻の眼は、すれ違っています。それは、どのようなすれ違いなのでしょうか。

広目天像の眼をもう一度よく見てみましょう。左右の眉毛の二つの線は、両端がつり上がり、左右の両端から中央へむかって鋭い傾斜をえがいて急激に下降し、眉間の肉を押し上げています。顔の上半分の動きは明らかに上から下へ、細められた二つの眼にむかって収斂しています。顔の下半分はどうでしょうか。中央が上方へ反ったへの字形の唇に発し、横から見ると端正な鼻は、正面から見れば鼻翼が微かに開き、動きは今度は下から上に、やはり眼に向かっています。そして身体の動きは、顔の上下二方から眼に集中していく動きと緊密なバランスを保ちつつ顔の動きを支え、それに呼応するように、左の脚に重心をかけ、腰を僅かにひねって、足下に身動きすることもできずに苦吟する邪鬼を静かにしかし力強く踏みすえています。広目天像全体の動きは二つの眼に集中しているのです。

そして、すでにのべましたように、この二つの眼の相互の位置は微妙にずれていて、両眼の結ぶ焦点は特定の一点を示していません。このことによって、二つの眼のなかに運動の効果が生じていますし、また、まなざしが、外に向かってではなく、内部へより強く向かっていることを表現しています。まなざしは何を見つめているのでしょうか。内部に向かったまなざしは身体の動きを伝わって、足下の邪鬼にまで届いているのです。しかし、眼は細められてはいますが、外に向かって閉じられているわけではありません。まなざしは、足下の邪鬼に発して、再び身体を伝わって、眼から、外の方向に流れています。しかし、それは外の世界の何かある特定の対象を見つめているのではありません。特定の対象を超えて、無限の彼方（＝此方）を――遙かに仏法を見つめているのではないでしょうか。

四天王は天界の始まる地点に位置します。四天王像の足下の「邪鬼」とは、「人を悩害する邪悪の鬼魅」、「邪気」つまり「邪悪の気」（望月信亨『仏教大辞典』）のことであり、仏法へいたる妨げをして悪に誘惑するもののことです。みずからの内なるこのような邪悪の気（放恣《ほうし》なる感性）をしかと見つめ、それを足下に踏みすえて立つときにはじめて、天界（精神的なる世界）は開けてきます。仏法はこの天界の中枢に位置するでしょう。作者は奈良時代に、このような構造をもつ仏教の深い真理を東洋的な写実の眼で見つめ、それを視覚的な像に仕上げたのです。現代に生きるわたしたちもたんなる空間的な表象を捨てることによって、広目天が、天界の始まりに位置し、仏法を護持する四天王の一人なのだということの意味を了解することができるはずです。

和辻哲郎が広目天像の「静かな顔」のなかに感じた「白熱した意力の緊張」、「力強い雄大な感じ」は、邪鬼にまで達し邪鬼から発するこのようなまなざしの構造に由来していたのであり、それをこの像の作者は、像の眼、顔の表情、身体の動き、そして邪鬼のなかに視覚的に形象化しているのです。また、像の作者をして「きわめて微細な点まで」注意を行き届かせ、誇張を避け、力を抑制させたものこそ、作者（おそらく僧侶だったでしょう）が見つめ、表現しようと努めたこの構造の真実にあったと思われます。奈良時代にいたって、仏像表現の内面化が一つの頂点に達するといわれます。仏教の受容が進み、しかも社会のいたるところに「邪悪の気」が満ち満ちていたこの時代に、仏像の表現もまた内面化していくのは理由のないことではありません。邪気が深化するにつれて、仏像の眼差しはますます深く、遠くを見つめることになるでしょう。作者は広目天像のなかに、一つの時代を、また時代を超える普遍的な人間の真実を表現することに成功しています。作者の名は知られていませんが、残された作品は、千二百年以上の時の隔たりを超えて現代のわたしたちに直接に強く訴えかけてくる力をもっています。

最初に引用しました和辻哲郎の文章をもう一度読み返してみますと、和辻は、広目天像の「眉をひそめた顔」を見ており、「この顔」が「かすかなニュアンスによって抑揚をつけて」あり、「静か」であると語っています。そして、その顔を分析して、「きわめて微細な点まで注意の届いた写実で、しかも白熱した意力の緊張を最も純粋化した形に現わしたものである」とのべているのです。さらに、「その力強い雄大な感じ」が、「力をありたけ表出しようとする力んだ努力からではなく、自然を見つめる静かな目の鋭さと、燻しをかけることを知っている控えめな腕の冴えとから、生まれたものであろう」と推測しています。分析はさらに続いて、広目天像の顔と「後代の護王神彫刻」との比較にまでおよんでいます。このように、ヨーロッパ的教養を身につけた日本の知識人和辻哲郎の眼は、広目天像の外にあって、像を外から観察して、「写実と類型化との手腕」に感歎したのです。

このようなものの見かたは、すでにのべましたように、ヨーロッパのルネサンスの時代に成立したものですし、また、このような分析を可能にする対象的思考はデカルトが確立したものです。ものの（対象ないしは世界）の外にでて、外からそれを眺めるという見かた、および、そのような見かたに立脚してものを考える和辻の眼は、広目天像の顔の分析を終えると、顔の骨相、着ている鎧、身につけている武具へと移っていきます。和辻のものを見る〈わたし〉は、一貫して広目天像の姿体の外にいます。外にあり続けることによって、和辻のものを見る・ものを考える〈わたし〉は、広目天像の眼と足下の邪鬼を見過ごしてしまったのです。広目天像の外にしかなかった和辻のものを見る・ものを考える〈わたし〉は、その内部にまで届くことがなかったのです。

しかし他方で、和辻は、広目天像から、「白熱した意力の緊張」、「力強い雄大な感じ」をうけとめています。そのような「感じ」が由来するもとにあるのは、すでにのべましたように、邪鬼にまで達し、邪鬼から発している広目天像のまなざしであり、作者が、像の眼、顔、身体、邪鬼の形姿などを通じてその内部に形象化したものです。和辻のものを見る・ものを考える〈わたし〉は、一貫して広目天像の姿体の外にあって、その内部に届くことがなかったにもかかわらず、和辻は像の内部から発する力を自然に感じとっているのです。これは、和辻の日本人としての伝統的な感性が、自然に、即自的に反応したものです。和辻は、みずからの内部で即自的に反応した日本的感性を、教養として身につけた対象的思考によって対象化した（表現した）ということができるでしょう。

和辻哲郎が教養として身につけたものの見かた、すなわち、もの（対象ないしは世界）の外にでて、外からそれを眺めるという見かた、および、そのような見かたにもとづいてものを考えるという対象的思考は、近代ヨーロッパで生みだされたものであり、それを輸入した日本の伝統的な感性とは異質なものです。ですから、和辻の対象的思考と日本の伝統的な感性とは別々のものとして併存しており、互いに関連づけられてはいません。和辻は、教養として身につけた対象的思考を、みずからの内部で即自的に反応した日本的感性に適用しているにすぎないのです。これが和魂洋才的思考の決まったパターンです。和魂洋才的思考というのは、みずからの内部で日本の伝統的な感性が即自的に反応する、それを教養として身につけた対象的思考によって対象化する（表現する）ということです。そして、この対象的思考、すなわち、世界の外にでて、世界をその外から対象化して考えるという思考は、その支えとなる感性を日本の伝統的な感性のなかに見いだすことができずにいるわけですから（根無し草同然ですから）、即自的に反応する伝統的感性にただひたすらひきまわされて、それを対象化し（表現し）続けるということになるでしょう。あるいはまた、この対象的思考は、支えのないことに耐えられなくなって、ひたすら伝統的感性にしがみつくということにもなります。

さらに、この伝統的感性そのものも見失われるとどのようなことになるでしょうか。立脚点をもたないこの対象的思考は、その時々の対象を思考するとき、思考の支えとなる立脚点をもたないわけですから、思考される対象あるいは思考する〈わたし〉そのものにしがみつくことによって自分を支えることしかできなくなります。というのも思考される対象というのは、ものを考える〈わたし〉が対象化したものですから、結局のところ、そのように対象化して考える〈わたし〉そのものにしがみつくということに帰結するわけです。この〈わたし〉というのは、西欧から輸入して身につけた、日本の伝統的な感性（それは、くりかえしになりますが、状況や自然のなかに〈わたし〉が溶けこむというしかたで成立しています）とは異質なものです。異質な〈わたし〉にひたすらしがみつくことによって、伝統的な感性のなかの〈わたし〉は見失われていくのです。

その先には、二つの帰結がひかえているように思われます。一つは、思考する〈わたし〉という立脚点が不確実なために、思考することに意味を見いだすことができない、あるいは、考えても無駄であるとして思考を放棄してしまうという帰結、もう一つは、ひたすら思考することに没入し、思考することそのものが思考することの支えとなり、その意味を問うという観点を封じてしまうという帰結です。思考の放棄と思考の専横、この二つは対極的に見えて、実は同じ結果を生み出します。両者ともに思考の意味や目的を見失うのです。現在の日本の混沌とした状況は、このような思考のありかたから生じているのではないでしょうか。

ところで、広目天像の話のなかで、内部に向かっていくまなざしが、足下に踏みしめている邪鬼にまで達し、また、邪鬼から発して外へと向かっているとのべました。すると、広目天像のまなざしは、内部に向かっていくと同時に外へと向かっているということになりますが、まなざしが発する基点（＝まなざしの視座）はどこにあるのでしょうか。西欧のルネサンスの時代に確立された視座は網膜の中心窩のあたりにあるというお話をすでに第三章でしましたが、その視座と比較してみたいと思います（すでに第二章でのべたことのくりかえしになりますが、視座の位置というのは生理学的なものではありません。メスで切り開けばその位置に視座なるものがあるというのではなく、まなざしの心理的、ないしは、精神的な拠点のことです）。

広目天像のまなざしが、内部に向かっていくと同時に外へと向かっているのであれば、その視座は、内と外を、同時に、しかも、一挙に見ることが可能になるような地点にあるということになるでしょう。このこと、つまり仏像のまなざしの視座がどこにあるのか、ということについてまず考えてみることにしましょう。そのためには、仏教そのものについて知る必要があります。禅に臨済宗という宗派がありますが、その根本聖典とされている『臨済録』をとりあげて説明してみます。

『臨済録』は、臨済宗の開祖である中国の唐の時代の臨済（?―八六七）という禅僧の一代の言行を記録した仏書です。この書のなかで臨済が語っている最も肝要な事柄は、例えば、つぎのようなことばで表現されています。「心法無形《しんぽうむぎょう》、十方に通貫《つうかん》す。……一心既に無なれば、随処《ずいしょ》に解脱《げだつ》す」。現代語に訳すと、「心は形がなくて、しかも十方世界を貫いている。……根本の一心が無であると徹底したならば、いかなる境界《きょうがい》に入ってもとらわれることはない」となります（現行の入矢義高訳註による岩波文庫版『臨済録』ではなく、以前の朝比奈宗源訳註の岩波文庫版『臨済録』を用います。同書、四四－四五頁。以下頁数だけを記します）。

しかし、その内容自体は、特に臨済が新しく語ったことではありません。これは、仏教の核心を表現したもので、同様のことは、様々な仏典のなかに語られています。例えば、『金剛経』に有名な「応無所住而生其心」（まさに住する所なくしてその心を生ずべし）という句があります。臨済が説いたことで新しいのは、心の視座（といっておきますが）にあります。『臨済録』から引用しながら、そのことを見てみましょう。読み下し文は必要な箇所だけに限定して、全体は省略し、訳文だけを示します。

今日、仏法を修行する者は、なによりも先ず真正の見解を求めることが肝要である。もし真正の見解が手に入れば、もはや生死に迷うこともなく、死ぬも生きるも自由である。……このごろの修行者たちが仏法を会得できない病因がどこにあるかと言えば、信じきれない処にある。お前たちは信じきれないから、あたふたとうろたえいろいろな外境《げきょう》［外の対象］についてまわり、万境《ばんきょう》［あらゆる対象］のために自己を見失って自由になれない。お前たちがもし外に向かって求めまわる心を断ち切ることができたなら、そのまま祖師であり仏である。お前たち、祖

師や仏を知りたいと思うか。お前たちがそこでこの説法を聞いているそいつがそうだ。（四〇頁）

訳文の最後に、「お前たちがそこでこの説法を聞いているそいつがそうだ」という文章がありま す。この部分の読み下し文は、「儞《なんじ》が面前《めんぜん》聴法底《ちょうほうてい》是れなり」です。「儞が面前」という言葉は、「お前たちがそこで」と訳されています。文字どおりに訳せば、「お前たちの面前（で）」ということになるでしょう。「面前」（訳文では「そこ」）とはどこにあるのでしょうか。臨済は、「仏道修行者の究極の安心の場」は「諸仏の本源」にある、と説いています。「仏道修行者の究極の安心の場」としての「諸仏の本源」、それが「面前」です。この「面前」は、どこに存在するのでしょうか。もう一つ別の箇所を引用します。

お前たちの肉体が説法を理解するのでもなく、お前たちの五臓六腑が説法を理解するのでもなく、また虚空が説法を理解するのでもない。では、いったい何が説法を理解するのか。お前たちの目前《もくぜん》にはっきりと存在し、これという形は無いが、自ら明らかにその存在を意識しているもの、そいつが説法を理解するのだ。もし、このように見究めたならば、その人は祖師や仏と同じである。（四三頁）

この訳文のなかほどにも、「お前たちの目前に」という箇所があります。読み下し文では、この箇所は「儞が目前」です。さきほどの「面前」は、この「目前」と同じものを指しています。「目前」とはどこのことなのでしょうか。臨済は、この「目前」という言葉を度々使っています。いくつか例を挙げてみます。

「修行者が少しでも眼をきょろつかせたならば、もういけない。ああかこうかと心をかまえたらひっ違い、念を動かしたらそむく、ここが呑込めたら、無依《むえ》の道人《どうにん》はいつも目の前にいる」（一〇一頁）。「いつも目の前にいる」という箇所の読み下し文は「目前を離れず」です。なお、「無依の道人」というのは、「何ものにもとらわれない修行者」（中村元『広説佛教語大辞典』）のことです。つまり、臨済は、「目前」を離れるな、と諭しているのです。

「求めようとすれば却って遠くなり、求めなければ自然に目の前に」ある（一〇二頁）。「目の前に」ある、の部分の読み下し文は「目前にあり」です。「お前たちの目前で、はっきりと見たり聞いたり照り輝いているもの」（一一七頁）。「お前たちの目前で」の部分の読み下し文は「儞が目前」です。

臨済はまたつぎのようにも語っています。

お前たち、時は惜しまねばならぬ、それだのに、お前たちは外に向かってせかせかと、それ禅だそれ仏道だと、名相《みょうそう》や言句を覚え、仏を求め祖師を求め、善知識を求めようと努力する。間違ってはいけない。お前たちには立派なひとりの本来の自己がある。この上に何を求めようとするのか。お前たち、自らの上に取って返して見よ。（四七頁）

ここでは、「本来の自己」に「取って返して見よ」、と語られていますが、そこが臨済が語っている「目前」であり、臨済は、そこを離れず、そこへ帰れというのです。

「目前」は、どこか、と問うてみましたが、それは、実は、仏像に表現されているのです。左右の眼の中央少し上にある白毫《びゃくごう》（光を放つといわれる白い巻毛）の位置がそこです。普通の仏は白毫ですが、不動明王などは、この位置に縦に第三の眼がついています。また、東大寺の不空羂索《ふくうけんじゃく》観音像や唐招提寺の千手観音像などの場合は、第三の眼と白毫が縦に並んでついています。この位置、そこが臨済が語っている「目前」が具像的に表現されている位置です。

「目前」も「面前」も、「まのあたり」にする、というときの「まのあたり」を意味します。「目前」という語は、「目」の「前」と書きますが、「前」という語は、もともとは、「ま（目）へ（辺）」（『大辞林』第二版）を意味する語です。臨済のいう「目前」は、よく解釈されるように、目の前方の何かを意味するのではありません。そのような見かたをやめるように、やめて「自らの上に取って返して見よ」と臨済は説いているのです。「心法無形、十方に通貫す。……一心既に無なれば、随処に解脱す」（「心は形がなくて、しかも十方世界を貫いている。……根本の一心が無であると徹底したならば、いかなる境界に入ってもとらわれることはない」）という臨済の言葉を最初に紹介しましたが、「根本の一心」が無であり、形がない、というのは、このような「目前」を離れない、ということです。「目前」を目の前方の何かであるという受けとりかたをする心は、無形ではなく有形であると、臨済はいうでしょう。

ところで、左右の眼の中央少し上に白毫や第三の眼をもつ仏像の眼は、半分閉じて、半分開いています。これを仏の半眼《はんがん》といいますが、仏像はどうしてこのような眼をしているのでしょうか。

わたしたちが、普段、外界の対象を見ているとき、視線は内部のある地点から外へ向かっていますが、続けて、今度は自分の内部を見ようとすると、視線を外から内に反転させねばなりません。つまり、普段はそのような（＝反転させねばならないような）視座からものを見ているわけです。まぶたを全部閉じると、外界は消えて何も見えなくなります。見えているのは暗闇だけです。しかし、このようにして外界の影響を排除してみると、その闇を見ている視座が意識されるようになります。この視座からは、さきほどのように視線を反転させる必要はなく、内面がそのままでよく見えます（人は熟慮するとき、よく眼を閉じますが、そのために閉じるのではないでしょうか）。

ところが、仏像の眼は半分閉じて、半分開いています。実際にやってみるとわかりますが、こうすることによって、外界が半分消失し、視界の上半分が暗闇になるだけではなく、外界は全部閉じたときと同じ視座から見えるようになります（もろん、眼を全開していても、外界の対象に眼を注ぎながら同時に内部を見るというしかたでも同じように見えるわけです）。これは、どのようなことかといいますと、第二章でのべましたように、わたしたちは、肉眼の視線と心眼の視線と、二重の視線でものを見ているわけですが、普段は、前者の視線に後者の視線が従属しているのです。この二重の視線のうち、後者の視線に前者の視線を合わせた見かたをするときの視座が、いまお話している視座であるということです（ですから、このような視座に基づく写実は、対象をただ外から眺める、つまり、肉眼の視線の基軸となる視座――ルネサンスのパースペクティヴの視座――にもとづく写実とは違っています。写実とは実を写すということですが、見るまなざしの違いによって、何を実と見なすか、その内容が異なるのです。ドナテッロやミケランジェロの彫刻と仏像彫刻との写実の質の違いは、このような視座のありかたの違いによるものです）。このような視座が位置するところが「まのあたり」、すなわち「目前」、「面前」であり、それを仏像に表現したものが、白毫であり第三の眼なのです。

この視座は独特の視座です。ここからは内も外もすべてが、同時に、しかも、一挙に見えます（内と外を同時に一挙に見るこの視座からは視野内の対象は鮮明には見えません。ギリシャ彫刻やルネサンス彫刻と比べて、天平時代や鎌倉時代の一部の作品を除いて一般に仏像彫刻がどこか輪郭がぼやけた感じがするのはそのためです）。ただし、内も外もすべてを同時に一挙に見渡すことができるのは、その視座にいて見る〈わたし〉が何の「造作《ぞうさ》」（「ああこうと求めるところがあってするはたらき」〔朝比奈宗源註〕）もしないときに限られます。臨済はいっています。「無事《ぶじ》是れ貴人《きにん》、但《ただ》、造作すること莫《なか》れ、祇《ただ》是れ平常なり」（「自己が本来の自己であることが最も貴いのだ。だから絶対に計らいをしてはいけない。ただ、あるがままがよい」〔五〇頁〕）。見る〈わたし〉はそこに存在していても、その〈わたし〉は、「無事」（作為なく自然のままであること）でなければならず、「造作」してはならず、「平常」（あるがまま）でなければならない。つまり、〈わたし〉は無に等しく、鏡のように、すべてを映すだけである、ということです。

見る〈わたし〉が無であれば（補論の第二章でのべますように、哲学者の西田幾多郎は、そのことを「見るものなくして見る」と語っています）、〈わたし〉はもはや生滅に直面することはありません（〈わたし〉は無ですから、生じたり滅したりすることはありません）。「真正の見解が手に入れば、もはや生死に迷うこともなく、死ぬも生きるも自由である」と臨済がいうように、こうして、いわゆる「生死を解脱する」のです。「一心既に無なれば、随所に解脱す」（根本の一心が無であると徹底したならば、いかなる境界に入ってもとらわれることはない）というのは、そういうことですし、そのとき「心法無形、十方に通貫す」（心は形がなくて、しかも十方世界を貫いている）のです。（蛇足ですが、生死を解脱したからといって、その人がもはや死ないというわけではありません。臨済が語っているのは、あくまでも、生きているあいだのことです。生きているあいだ、生死にわずらわされずに、自由に——放恣に、という意味ではありません——生きよ、という教えなのです）。

第六章　日本の伝統武術における〈わたし〉の行方

——弓術と剣術（オイゲン・ヘリゲル、宮本武蔵、柳生宗矩、沢庵）

弓術（弓道）や剣術（剣道）などの日本の伝統的な武術は禅仏教と深い関係をもっています。この章ではこの二つの武術についてお話しながら、武術における見る〈わたし〉のありかたを検討してみたいと思います。まず、弓術のことから話をはじめます。

ドイツ人の哲学者オイゲン・ヘリゲル（一八八四―一九五五）は、仙台の東北帝国大学で哲学と西洋古典語を教えるために一九二四年から一九二九年まで日本に滞在していました。ヘリゲルは日本滞在中に禅の奥義を直接に経験したいという希望をいだいて来日しました。そうであれば、いきなり参禅するというやりかたをするよりも、日本の武術を何か体得するという道を選ぶほうが賢明であろうという、ある日本人の助言にしたがって弓術の修行に励むことにします。弓術を選んだのはドイツで小銃や拳銃の射撃をやった経験があったからです。阿波研造師範（一八八〇―一九三九）のもとで五年間におよぶ修行を経てヘリゲルは弓道五段、範士の称号を授けられました。

しかし、そこにいたるまでの修行の過程はヨーロッパの人間であるヘリゲルにとって悪戦苦闘の連続でした。ヨーロッパ文化のなかに働いている思考のありかたと日本文化（ここでは具体的には、日本の伝統的武術）のなかに働いている思考のありかたは対極的といってもいいほど異なっているからです。ヘリゲルは、弓術の修行という身体的・精神的修行を通じて、ヨーロッパ文化から日本文化のただなかへ移行するにいたったみずからの苦難に満ちた体験を書き残しています。それがどのようなものであったか検討してみることにしましょう。

弓術（弓道）は、竹製の弓に張った弦につがえた矢を放って約三十メートルの距離に置かれた的を射る武術です。一見すると、ヘリゲルがドイツでやったことのある射撃と似ているように見えます。一方は矢を放って、他方は小銃や拳銃の弾を撃って、狙った的に当てるわけですから。しかし、小銃や拳銃の射撃とは違って、弓術はスポーツではなく、弓を射る人間の「精神上のある態度」が前提されている武術であり、その態度は仏教の禅の本質と共通するものである、とヘリゲルはいっています（『日本の弓術』柴田治三郎訳、岩波文庫、一四頁。同書の場合は以下頁数だけを記します）。

稽古は巻藁《まきわら》に向かって弓を射ることからはじまりました。師範がまず手本を示します。彼は一本の矢をつがえて、大きく引き絞り、放ちました。すべての動作は大変見事で、しかもしごく簡単のように見えました。それから師範は「あなたは弓を腕の力で引いてはいけない。心で引くこと、つまり筋肉をすっかり弛めて力を抜いて引くことを学ばなければいけない」といいました（一七頁）。弓を引くときには、弓と矢を持った両手を頭上にくるように高く差し上げて、それから両手を広げながら下げていき、弓を持つ左手は腕を伸ばして目の高さに、矢を持つ右手は腕を曲げて右肩の関節の高さにくるようにします。そして矢を放つまでこの姿勢のまましばらく待っていなければなりません。ヘリゲルがやってみると、弓を引き絞ろうとすれば、どうしてもかなりの筋力を使わざるをえず、左右の両腕を押し広げると、数秒の後には腕は緊張のあまり震えだし、呼吸がだんだん苦しくなりました。ヘリゲルは「ドイツ人特有の徹底ぶり」で稽古を続けましたが、どんなに稽古を積んでも「心で引く」ことになりそうには思えませんでした（二八頁）。

ヘリゲルが行き詰まりを訴えると師範は、弓を正しく引けないのは、肺で呼吸するからであると説明してくれました。「腹壁が程よく張るように、息をゆっくりと圧し下げて……息をぴたりと止め、どうしても必要な分だけ呼吸しなさい。……一旦そんな呼吸の仕方ができると、……両腕を弛め、力を抜いて、楽々と弓が引かれるようになる」（三〇頁）。

ヘリゲルは一年経ってやっと弓の正しい引きかたを会得することができるようになりました。つぎは矢を射る「放れ」の段階です。矢を握る右手は皮の手袋を嵌めています。詰め物をして太くなった拇指は弦を押さえて矢の下に折りこまれ、人差し指と中指と薬指が拇指を上から包むようにしてしっかりとつかんでいます。「放れ」というのは、拇指をつかんでいる三本の指が開かれて拇指を解き放すことをいいます。そうすることによって矢が飛びだすのです。

ヘリゲルが矢を放つと、いつも強い衝撃を受け、射は必然的に不安定になりましたが、師範が放つと少しも衝撃は起こりませんでした。いくらそれに倣おうとしても無駄でした。師範はいいました。「あなたは頃合よしと感じるかあるいは考える時に、矢を射放とうと思う。あなたは意志をもって右手を開く。つまりその際あなたは意識的である。あなたは無心になることを……学ばなければならない」と（三三頁）。師範はさらにいいました。「あなたは全然なにごとをも、……考えても感じても欲してもいけないのである。術のない術とは、完全に無我となり、我を没することである。あなたがまったく無になる、ということが、ひとりでに起これば、その時あなたは正しい射方ができるようになる」(三三―三四頁)。ヘリゲルは尋ねます。「無になってしまわなければならないと言われるが、それではだれが射るのですか」と。師範は答えます。「経験してからでなければ理解のできないことを、言葉でどのように説明すべきであろうか。仏陀が射るのだと言おうか。この場合、どんな知識や口真似も、あなたにとって何の役に立とう」と(三四頁)。

何ヶ月もの稽古を過ぎてもうまくいきません。あるとき、ヘリゲルは師範に尋ねました。「私が弓を引き絞ると、今直ぐ射放さなければ引き絞っている事がもはや耐えられないと感じられる瞬間が来ます。その時思いもかけず何が起こるでしょうか？　只単に私に息切れが襲ってくるだけのことです。それ故どうなろうと私は射放さないわけには行かないのです。私はもはや射を待っている事ができないのですから」。師範は答えていいました。「あなたがなぜ放れを待つ事が出来ないのか、又なぜ射放される前に息切れになるのか、御存じですか。正しい射が正しい瞬間に起こらないのは、あなたがあなた自身から離れていないからです」と(『弓と禅』稲富栄二郎・上田武訳、福村書店、九六頁。以下、同書の場合は書名と頁数を記します)。さらにつぎのような問答が交わされています。「では私は何をすればよいのでしょう」。「あなたは正しく待つ事を習得せねばなりません」。「しかしどのようにしてそれが習得されるのでしょう」。「意図なく引き絞った状態の外は、もはや何もあなたに残らない程、あなた自身から決定的に離脱して、あなたのもの一切を捨て去る事によってです」(『弓と禅』九九頁)。

へリゲルが、無心になろう、無我の境地に至ろうと努力するのを見て、師範は「あなたは無心になろうと努めている。つまりあなたは故意に無心なのである。それではこれ以上進むはずはない」と戒めました（三六頁）。稽古は三年目になっていました。へリゲルは自覚していなかったのですが（と、後から振り返って語っています）、射撃の経験にまだ捕らわれていました。射撃では、命中の確実さは、発射の瞬間の引き金に当てた人差し指の使いかたにあるように、弓術も、滑らかな放れに懸かっている、「弓を引く時の力を抜いた状態、一杯に引き絞り力を抜いて満を持している事、力を抜いた放れ、衝撃的動揺を力を抜いてとり去る事――これら凡《すべ》ては中《あた》りの確実さの為に、従ってまた弓射の目的の為にあるのではないか」と考えていたのです（『弓と禅』九一頁）。ですから、「右手を故意に開いてはいけない」（同、九三頁）という師範の教えを忘れ、「欠点は師範の危惧した箇所、即ち無心、無我になり切れない処に在るのではなくて」（同、一三一頁）、「実は技巧の上だけで解決されるのだ」（三七頁）という結論に到達しました。そこで夏休みがはじまると、へリゲルはその問題を徹底的に研究し、三本の指を目立たぬように弛めてだんだんと伸ばしていき、支えを失った拇指は不意に弾かれて、何もせずにいても、弦と矢が離れる瞬間がくるという方法を考えました。練習の結果、矢の放ちかたが、以前よりもはるかに楽に、かつはるかに無心にできるように思われて満足することができました。しかし、この方法は、「右手を精密に働かせる」ために、「十分な注意作用が必要」なものであり（『弓と禅』一三三頁）、明らかに師範の教えに反するものでした。

夏休みが終わって最初の稽古のとき、へリゲルは師範の前で休暇中に練習した方法で矢を放ってみせました。ヘリゲルには見事な出来ばえに思えましたが、師範は自分を欺こうとしたと怒り、今後教えることを断わるといいました。ヘリゲルは自分の窮状をつぶさにのべて、師範はやっと思い直してくれました。そのさいヘリゲルは二度と教えに違反しないことを師範に誓いました。こうして稽古が徹底的にくり返されました。それから一年が過ぎるかと思われたころになって、ヘリゲルは初めて師範から完全に認められる放れができるようになりました。

弓術を始めて四年後に、的を射るといういよいよ最後の段階がやってきました。的は約三十メートルの彼方にあり、その的に向けて矢を射るのです。師範はこれまで稽古したことをただくり返すようにといいました。ヘリゲルは的に中《あ》てるには弓をどう持てばいいかと尋ねます。的はどうでもいいから、これまでと同様に射なさいと師範は答えます。ヘリゲルが中てるとなればどうしても狙わないわけにはいかないとことばを返します。師範は声を強めて答えました。「いや、その狙うということがいけない。的のことも、中てることも、その他どんなことも考えてはならない。弓を引いて、矢が離れるまで待っていなさい。他のことはすべて成るがままにしておくのです」と（四二頁）。師範は弓をとり手本を示します。矢は的のまん中にとまっていました。それから師範はいいました。「私のやり方をよく視ていましたか。……私が目をほとんど閉じていたのを、あなたは見ましたか。私は的が次第にぼやけて見えるほど目を閉じる。すると的は私の方へ近づいて来るように思われる。そうしてそれは私と一体になる。これは心を深く凝らさなければ達せられないことである。……あなたは的を狙わず自分自身を狙いなさい」（四二－四三頁）。このような的の見かたを師範はまた、「的を見ないかのように見る」ともいっています（『弓と禅』一五〇頁）。第二章でお話しましたように、このことは的を中心窩で見ようとしてはいけない、ということです。また後で剣術のお話をするときにふれることにします。

ヘリゲルは師範のいったとおりにやってみようとしますが、狙いを定めるのを諦めるということがどうしてもできませんでした。ある日、ヘリゲルが、狙わずに中てるということがどうしても理解できないし習得することもできないわけを師範に話すと、師範は、それは不信のせいだ、「的を狙わずに射《い》中《あ》てることができるということを、あなたは承服しようとしない」と明言しました（四六頁）。師範はヘリゲルにその夜自宅に来るようにいい、自宅の横にある道場で狙わずに中てるという射放を実行してみせました。師範は、編み針のように細長い一本の蚊取線香に火をつけて、それを的の前の砂地に立て、暗闇のなかの的にむかって二本の矢を続けて放ちました。第一の矢は的のまん中に命中し、第二の矢は第一の矢の筈《はず》（矢の末端）に中《あ》たってそれを二つに割いていました。師範はいいました。「私はこの道場で三十年も稽古をしていて暗い時でも的がどの辺にあるかはわかっているはずだから、一本目の矢が的のまん中に中たったのはさほど見事な出来ばえでもないと、あなたは考えられるであろう。……しかし二本目の矢はどう見られるか。これは私から出たのでもなければ、私が中てたのでもない。そこで、こんな暗さで一体狙うことができるものか、よく考えてごらんなさい。それでもまだあなたは、狙わずには中てられぬと言い張られるか」（四七－四八頁）。

それ以来、ヘリゲルは、疑うことも問うことも思いわずらうこともきっぱりと諦めて、その行方がどうなるかなどとは頭をなやまさず、ひたすら稽古に励みました。無心になれるかどうかということさえ、もう気にかけませんでした。それはもはや自分の手中にあるのではないことを知ったからです。稽古を始めてから五年目のある日、師範は試験を受けるように勧め、ヘリゲルは見事に合格して免許状を授けられました。

ヘリゲルの弓術の修行の過程を主として『日本の弓術』を手がかりにして追ってみました。ヘリゲル自身がその過程をふり返りながら、この修行は「禅僧が実行している神秘的な沈思法のもっとも純粋な形」でもあるとのべています（五一頁）。弓術も正しく行なわれるならば、最後に到達すべき境地は、「弓も矢もなしに射中てることである……したがって、弓と矢を使うとき無心となり無我となり無限の深みへ沈み去ることと、仏陀のように両手を組み静座して思いを沈めることとは、実はまったく同一のことである」（同）。弓術が「術のない術」と言われるのは、その奥義が「弓も矢もなしに射中てること」にあるからです。「真の沈思においては、単にあらゆる思考と意欲だけではなく感情も……すべて無くなってしまう」、これが「無我になる」ということであり、「非有の中の有」を経験するということである（五二頁）。それは「神秘の根本経験」（五五頁）であり、この経験は「まったく筆舌に尽しがたく、また何物にもたとえることができない。それをみずから経験したことのない者には、……とうてい言い表わすことはできないという事実を、知ることもできない」とヘリゲルはのべています（五二頁）。

ヘリゲルはこのような弓術の全体像をつぎのように描写しています。少し長くなりますが引用してみます。

弓を引く前には、まず初めの儀式が行なわれる。それはきまった歩数だけ進んで、射手が次第に的と相対する位置に来るのであるが、途中で立ちどまって深く呼吸をする。それから射手が弓を引く構えをすれば、その時すでに、完全な沈思に成功する程度まで精神が統一されている。一旦弓を引き絞れば、沈思の状態は決定的となり、引き絞っていればいるほど沈思は深められ、その後の一切は意識の彼方で行なわれる。射手は矢が放たれた瞬間に、ふたたび、しかも漸次にではなく不意に、我に復る。忽然として、見慣れた周囲が、世界が、ふたたびそこに在る。自分が抜け出していた世界へ、ふたたび投げ返された自分を見る。自分のからだを貫き、飛んで行く矢の中に移ってはたらきつづけるある力によって、投げ返されたのである。このようにして射手にとっては、無と有とは、内面的にはどんなに異なっていても、きわめて緊密に結びつけられるのみならず、両者はたがいに頼りあっている。有から無に入る道は、かならず有に復って来る。それは射手が復ろうとするからではなく、投げ返されるからである。射手のそのような経験のそのままの所見は、どのような思弁によっても説明し切ることはできない。

（五八－五九頁）

以上、ドイツ人の哲学者ヘリゲルの弓術の修行の体験をかなり詳しく紹介しました。ヨーロッパ文化のなかで働いているものの見かた・考えかたと日本文化（ここでは、弓術という日本の伝統文化）のなかで働いているものの見かた・考えかたとは、対極的に違っているのです。弓術の修行をとおしてヘリゲルは、ヨーロッパ文化の根底をなすものの見かた・考えかたから、それとは対極的に異質な日本の伝統文化の根底にあるものの見かた・考えかたのなかへ移行をとげています。それは精神の変容とよべる出来事でした。ヘリゲルが帰国するさいに、阿波研造師範はつぎのような別れのことばを贈っています。

あなた方お二人〔二人というのは、ヘリゲルの妻も生花の修行をとおして日本文化の真髄にふれたからです〕は、この歳月の間にすっかり変わってしまわれた。これは弓道が即ち最後の深みにまで達する射手の自己自身との対決が、齎らしたものであります。あなた方はこの事を恐らく今まで殆んどお気付きにならなかったでしょう、が故国で友人知人に再会されると、必ずや感付かれる事でしょう。もはや以前のようにしっくりしないのです。あなた方は多くの事を別の目で見、別の尺度で測ります。(『弓と禅』一六二頁)

ここで阿波研造師範が語っている「別の目」「別の尺度」について、ヘリゲル自身がどのようにのべているかをみておくことにします。ヘリゲルは、まずヨーロッパ人のものの見かた・考えかたについてつぎのように語っています。

人間が、自分自身ではないもの、自分のものではないもの一切と、自分とをますます根本的に区別するようになるにつれて、自我と非我との緊張関係は、対立として意識されるようになる。存在するもの一切を対象物として対置させるならば――意識的であれば、それだけ一層

——自我は、局外に、つまり自我と《向かいあう》ものの対極に、位置することになる。(『禅の道』榎木真吉訳、講談社学術文庫、一七七頁)

引用文中の「自我」ということばは、本書の文脈では、〈わたし〉ということです。「非我」は〈わたしではないもの〉のこと、「《向かいあう》もの」というのは、対象のことです。そのように読みかえてください。

ヘリゲルが語っているのは、補論の第一章でのべますように、ヘーゲルの言葉を使えば、「ヨーロッパ精神は自己に向かいあって世界を定立し、自己を世界から解放する」ということです。「自我は、局外に、つまり自我と《向かいあう》ものの対極に、位置する」というヘリゲルの自我(〈わたし〉)は、十七世紀にデカルトが確立した、すべてを対象化する拠点としての自我(〈わたし〉)です。

ヘリゲルが弓術の修行において体験した核心的な出来事は、すべてを対象化する〈わたし〉(自我)が無化する(無我、無心)という体験です。右の引用文に続けてヘリゲルはつぎのようにのべています。

無と有との間には……完全な忘我と明瞭な自我意識との間と同一の、断ちがたい関係がある。非有の中の有の経験が自己の経験となるのは、無我の境に移された者が自己存在の中へ、死者が生成の中へ幾度でも投げ返され、そのようにして、自己の存在の軌道を越えたはるか彼方に

まで意義を有するものを、自己自身について経験する、ということによる。（六〇頁）

ここに語られている「自己の存在の軌道を越えたはるか彼方にまで意義を有するものを、自己自身について経験する」というのは、別の箇所のことばによれば、「精神が何処にも、如何なる特殊の場所にも執着しないが故に、到る処に現在する」（『弓と禅』一〇八―一〇九頁）ということであり、また、「空虚であるが故にあらゆるものに自己を開く事が出来る」（同、一〇九頁）ということです。これは、『金剛経』の「応無所住而生其心」（まさに住する所なくしてその心を生ずべし）ということであり、道元のいう「自己をわする、というは万法〔一切の存在する事物〕に証せらる、なり」ということです。

このような体験を経ることによってその人間の思考は神秘的な思弁に変容をとげます。思弁がなぜ神秘的であるのかといえば、それが「神秘の根本経験」（六〇頁）を手がかりにするものだからです。思弁は、この体験を「足場」にして追思考（熟考）することになるのです（六〇頁）。しかし、思弁は神秘的ではあっても、「思弁の器官は結局は思惟［思考］であり、その十分な根拠は自意識である」とつけくわえることをヘリゲルは忘れてはいません。ここに、神秘的なものをも自己のなかに取りこもうとする、ヨーロッパ的思考の強靱さを見ることができます。新カント学派の哲学者であったヘリゲルが帰国後にヘーゲルにどのように対応したかは詳《つまび》らかではありませんが、ヘリゲルはここで、ヘーゲルが思考について語っていることと同じことを語っているように思われます。

日本の伝統文化としての弓術におけるものの見かた・考えかたは他の武術と共通するものです。つぎにその例として剣術についてお話したいと思います。ここでとりあげる宮本武蔵（一五八四―一六四五）、柳生宗矩（一五七一―一六四六）、沢庵（一五七三―一六四五）の三人の人物は、いずれも日本の十七世紀前半、江戸時代初期を生きた人たちです。この時代は、戦国の時代が終わり、徳川幕府が世界にたいして国を閉ざす鎖国政策を完成する時代です。第一章でお話しました桂離宮の庭園やヴェルサイユ宮殿の庭園ができたのもこのころのことです。また、この三人の日本人は補論の第一章でお話する哲学者デカルトの、遙かに東西に隔たってはいますが、同時代人でもあるのです。

宮本武蔵は日本の剣術の歴史において最も有名な剣豪の一人です。吉川英治の長編小説『宮本武蔵』によって広く知られていますし、映画やテレビの大河ドラマの主人公としてもよく登場します。宮本武蔵は十三歳のときから二十九歳までの間に六十回以上の試合を行ない、一度も負けたことがなかったということです。最後の試合が佐々木小次郎との有名な巌流島の決闘でした。宮本武蔵は死の直前に『五輪の書』（一六四五年）を書いています。五輪というのは、仏教で、万物の構成要素である五大（地、水、火、風、空）を象徴した、地輪、水輪、火輪、風輪、空輪の五つの輪のことをいいます。それを積み上げて塔をつくり、死者の供養塔や墓標として用いました（五輪塔）。『五輪の書』は書名そのものが仏教に由来しています。

この書は宮本武蔵の兵法の極意をのべたものですが、兵法というのは、一人または複数の敵との太刀による生死をかけた戦いかたを意味します。そのための、太刀のもちかた、構えかた、足の踏みかた、眼のつけかた、など、さまざまなことが語られています。ここでは、そのうちの眼のつけかたについてどのようなことが語られているか見てみたいと思います。

まず、眼は普段の眼よりも少し細めるようにと宮本武蔵は語っています（「水の巻」）。これは、前章で仏像のまなざしについてのべましたように、外に向かう視線を抑制することを意味するでしょう。さらに宮本武蔵は、「目を見合はせざるようになし」と説いています（「火の巻」）。相手と眼を合わせることによって、相手に気をとられる、それを避けよというのです。「目の付けよう」（眼のつけかた）について、宮本武蔵は「水の巻」のなかに「兵法の目付といふ事」という項目をもうけてつぎのように語っています。

観見《かんけん》二つの事、観の目つよく、見の目よはく、遠き所を近く見、ちかき所を遠く見る事、兵法の専《せん》也。敵の太刀をしり、聊《いささ》かも敵の太刀を見ずといふ事、兵法の大事也。（渡辺一郎校注『五輪の書』岩波文庫、四六頁。以下同書の頁数を記します）

観というのは心の眼で見ること、見というのは肉眼で（視覚的に）見ることを意味します。宮本武蔵はこのような二つの見かたがあるとまずいっています。そのうちの「観の目」を強めて、「見の目」を弱めるように、そうすることによって、遠くを近くに、近くを遠くに見ることができる、これが兵法の「専」（専念すべき第一のこと）である、敵の太刀は見えている、しかしその太刀を正視して見ないということが大事であるというのです。

「敵の太刀を見ず」（敵の太刀を正視して見ない）というのは理にかなっています。第二章で網膜の中心窩についての話をしましたが、正視して見るというのは中心窩によって見るということです。中心窩の働きは、対象をはっきりと見ることにありますが、対象の動きを静止させてしまいます。対象の動き（運動）は網膜の周辺部で鋭敏に知覚することができるのです。ですから、敵の太刀を正視していれば、その動きにたいする対応が遅れる（＝その動きに気をとられる）ことになります。正視せずに見えている、つまり、網膜の周辺部で見ることによって、瞬時の対応が可能になるでしょう。「目を見合はせざるようになし」というのも同様です。相手の眼を正視すると、中心窩の働きのところに自分の注意が向くことになり、網膜の周辺部の働きの知覚がおろそかになります（＝相手に気をとられる）、それを避けよというのです。

『五輪の書』の最終巻は「空の巻」です。「空」というのは、「無形の心」（前章でのべました）を意味します。この巻のなかで宮本武蔵はつぎのように語っています。

心意二つの心をみがき、観見二つの眼をとぎ、少しもくもりなく、まよいの雲の晴たる所こそ、実の空としるべき也。（一三八頁）

「観見二つの眼をとぐ」というのは、すでにのべたとおりですが、「心意二つの心をみがく」というのは、「意のこゝろかろく、心のこゝろおもく、心を水にして、折にふれ、事に応ずる心」（宮本武蔵『兵法三十五箇条』一四四頁）にいたるということです。「意のこゝろかろく」というのは、「意を用いる」というときの「意」（意志）で、それを軽視せよ、いいかえますと、何の造作もするな、ということでしょう。「心のこゝろおもく」というのは、「心」を重視せよ、いいかえますと、平常心（あるがままの心）であれ、ということになります。そうすることによって、「心」は「水」のように「折にふれ、事に応ずる」ことができるようになります。これは、『金剛経』の「応無所住而生其心」（まさに住する所なくしてその心を生ずべし）ということにほかなりません。こうして、「少しもくもりなく、まよいの雲の晴たる」心境に至ることができる、それが「空」であると宮本武蔵は語っているのです。

宮本武蔵にとって、剣術の修行の道は修身の道でもあった、生死を懸ける対決の場は生死を超える修行の場でもあったのです。宮本武蔵の仏教への接近はこうして生じているということができるでしょう。

柳生宗矩は徳川将軍（二代将軍秀忠、三代将軍家光）の初代の兵法師範でした。以降、徳川将軍の兵法師範は代々柳生家の子孫がひきつぐことになります。柳生宗矩は兵法師範をうけつぐ子孫のために『兵法家伝書』（一六三二年）を書き残しています。この家伝書のなかから、兵法の眼のつけかたについて柳生宗矩が語っている箇所をひろいだしてみましょう。

宮本武蔵は、「目を見合はせざるようになし」（相手と眼を合わせないようにして）と説いていましたが、柳生宗矩は、「みる様にして見ず、見ぬようにして見る」と語っています（渡辺一郎校注『兵法家伝書』岩波文庫、四〇頁。以下、同書の頁数を記します）。この見かたには校注者による注釈がついており、これは「ぬすみ見に見る」ことであると書かれています（「見ぬようにして見る」というのは、もちろん、中心窩による正視を避けるという意味ですが、この見かたは、剣術をはなれても、一般的に日本人の視線のありかたでもあります）。

柳生宗矩はまた、宮本武蔵と同じく、「目に見るをば見と云ひ、心に見るを観と云ふ」と語っています（七六頁）。見と観のどちらが重要であるかといえば、もちろん観のほうです。柳生宗矩はそのことをつぎのようにのべています。「心にて見るを根本とす。心から見てこそ目もつく［目にとまる、視覚が働く］べき物なれ。然れば、目にて見るは心の次也」（七九頁）。「心から見てこそ目もつく［目にとまる、視覚が働く］べき物なれ」（心で見てはじめて見えるのである）という指摘は、さきほどものべたことですが、道理にかなった指摘です。では、心で見るという見かたをどのように修練すればよいか、柳生宗矩は、「常の心にて無心に見る」ように、と説いています。「常の心」というのは、平常心（何の造作もせず、あるがままの心）のことであり、「無心」というのは、「無形の心」のことです。それを宮本武蔵は「空」とよんでいます。柳生宗矩が説いていることは宮本武蔵と同じなのです。

これは偶然ではありません。偶然ではないというのは、柳生宗矩と宮本武蔵が知己の間柄であって、両者の間に思想の交流があったという意味ではありません。そうではなく、両者ともに、兵法の修行において、生死を懸ける剣術の修行の場が生死を超える修行の場でもあったという事情にもとづいているということです。生死を超える修行は、すなわち、伝統的仏教の修行であり、両者の剣術の修行は必然的にそこへ帰趨しているのです。

さて、最後は沢庵の番です。沢庵はいまでも沢庵漬けの名前のなかに生き続けていますが、江戸時代初期の傑出した立派な禅僧です。沢庵は、三代将軍家光の深い帰依をうけましたが、権力にとりいることを潔しとせず、権力から距離を保とうと心がけました。そのため、将軍の居城がある江戸に住もうとはしませんでした。しかし、家光は沢庵を江戸に招きたい一念で品川に東海寺を創建しその住職として沢庵を招聘することに成功したというエピソードも残っています。

沢庵はまた柳生宗矩とも知己の仲でした。その著『不動智神妙録』（一六三六年）は友人である柳生宗矩のために書かれたものです。禅僧が剣術の達人にあたえたこの書を読んでみることにしましょう。

> 貴殿の兵法にて申し候はゞ、向ふより切太刀を一目見て、其儘《そのまま》にそこにて合はんと思へば、向ふの太刀に其儘に心が止りて、手前の働が抜け候て、向ふの人に斬られ候。是を止ると申し候。打太刀を見る事は見れども、そこに心をとめず、向ふの太刀の拍子合わせて、打たうとも思わず、思案分別を残さず、振上ぐる太刀を見るや否や、心を卒度《そつど》止めず、其まゝ付入て向ふの太刀にとりつかば、我を斬らんとする刀を、我が方へもぎとりて、却《かえ》つて向ふを切る刀となるべく候。（『高僧名著全集』第十一巻、平凡社、一七五頁。以下、同書の頁数のみ記します）

「貴殿」というのは柳生宗矩のことです。沢庵は柳生宗矩に語りかけているのです。打とうと思ってもいけない、思案分別が残っていてはいけない、どこにも心を止めない、それが肝要なことだと沢庵はのべています。さらに沢庵は仏教の不動智について説いています。

不動とはうごかずといふ文字にて候。智は智恵の智にて候。不動と申し候ても、石か木かのように無性なる義理〔生命なきもの、の意味〕にてはなく候。向ふへも左へも右へも、十方八方へ心は動き度きやうに動きながら、卒度も止らぬ心を不動智と申し候。（一七六頁）

沢庵は、この不動智を「右の手に剣を握り、左の手に縄を取りて、歯を喰出し目を怒らし、仏法を妨げん悪魔を降伏せんとて、突立て居られ候姿」に具象化したのが不動明王（図32）であるとのべた後で、つぎのように続けます。

然れば不動明王と申すも、人の一心の動かぬ所を申し候。亦身を動転せぬことにて候。動転せぬとは、物毎に留らぬ事にて候、物一目見て其心を止めぬを不動と申し候。なぜなれば、物に心が止り候へば、いろ〳〵の分別が胸に候間、胸のうちにいろ〳〵に動き候。止れば止る心は動きても動かぬにて候。

譬へば、十人して一太刀づゝ我へ太刀を入るゝとも、一太刀を受流して跡に心を止めず、跡を捨て跡を拾ひ候はゞ、十人ながら働を缺かさぬにて候。十人十度心は働けども、一人にも心を止めずば、次第に取合ひて働は缺け申間敷候。若し又一人の前に心が止り候はゞ、一人の打太刀をば打流すべけれども、二人めの時は、手前の働抜け可申候。（一七七頁）

千手観音（図33）は、と沢庵はさらに話を続けます。手が千本あるので、弓を取る手に心が止まれば、残りの九百九十九の手はすべて用をなさなくなる、一ヶ所に心を止めぬことによってすべての手が働くのであるというのです。千手観音は、不動智が開けるならば、身体に手が千本あっても、すべてが同時に用をなすことができるということを示すために造られたものである、と沢庵はのべています。

一本の木に向ふて、其の内の赤き葉一つを見て居れば、残りの葉は見えぬなり、葉ひとつに目をかけずして一本の木に何心もなく打向ひ候へば、数多の葉残らず目に見え候。葉一つに心をとられ候はゞ残りの葉は見えず、一つに心を止めねば、百千の葉みな見え申し候。(一七八

図32　不動明王座像(東寺)

図33　千手観音立像(唐招提寺)

頁）

第五章で仏像のまなざしが、すべてを一挙に同時に見ることができるようなまなざしであるとのべましたが、沢庵は同じことを語っているのです。沢庵は、このことを「心を一方に置かざれば十方にある」（一八五頁）とも語っており、『金剛経』の「応無所住而生其心」（まさに住する所なくしてその心を生ずべし）という句を引いて、この句をつぎのように解釈しています。「萬《よろず》の業をするにせう［しよう］と思ふ心が生ずれば、其のする事に心が止るなり」、だから、「止る所なくして心を生ずべし」というのである、と（一八七頁）。

第七章　〈わたし〉のありかたと宗教は対応している

――キリスト教と仏教（ケルン大聖堂と浄瑠璃寺）

ものを見る〈わたし〉が世界の外にでて、世界の外の固定した一点にある、そのような〈わたし〉が西欧文化成立の根底にある、それにたいして、ものを見る〈わたし〉が世界の外にでることなく、世界のなかを自由に動きまわる、そのような〈わたし〉が伝統的な日本文化成立の根底にある、という話をいろいろな事例をとりあげてのべてきました。このような〈わたし〉のありかたの違いはそれぞれの宗教に対応しているのです。この章では、キリスト教と仏教をとりあげてその違いについてお話することにします。キリスト教と仏教はどのように違うのか、その違いをそれぞれの教義を比較するのではなく、方角（方位）という観点から比較してみることにしましょう。

太陽は、洋の東西を問わず、東から昇り、西に沈みます。朝、東から昇った太陽は、夕方、西に沈んで姿を消しますが、次の朝にはまた東に姿を現わします。それで、古代から東は誕生・復活の明るい方角であり、西は消滅・死の暗い方角であるとみなされてきました。キリスト教では、ゴシックの時代になると、このような東西軸が特に強く意識されるようになりますし、仏教の阿弥陀信仰は最初から東西軸を意識して成立しています。まず、キリスト教のことから話をはじめることにします。

ゴシックの時代は十二世紀なかばにはじまり、ルネサンスの時代にいたるまで続きました。西欧の都市にはローマ帝国の時代に成立したという古い起源をもつものが多くありますが、しかし、これらの都市はローマ帝国が滅びるとともに崩壊してしまいました。現在の都市の原型（それぞれの都市の旧市街とよばれる部分）が成立するのは十一世紀以降のことです。こうして成立した都市は十二世紀、十三世紀にいたると大いに繁栄するようになりました。都市が繁栄するというのは、住民である商人や手工業者（親方、職人）たちが、支配者（王侯貴族や大司教・司教などの高位聖職者たち）に対抗する力をもつようになったということを意味します。ゴシックの大聖堂が建設されたのはこのような時代でした。ですから、ロマネスクの時代と違って、都市の市民たちも資金を寄進することによって大聖堂の建設に参加しているのです。

このような意味でゴシックの大聖堂は都市の市民たちのものでもありました。日本の仏教が十三世紀の鎌倉時代に一般の民衆の宗教になったように、キリスト教はゴシックの時代に都市の市民の宗教になりえたのです。キリスト教において、東が誕生・復活の方角であり、西が没落・死の方角であるという考えかたはすでに古代からあったのですが、キリスト教の教えが一般の市民に自分たちのものであると自覚されるようになったゴシックの時代になって、このような東西軸の意識が再びよみがえったように思われます。由緒あるゴシックの大聖堂のほとんどが正確に東西軸に沿って建てられているのはそのためではないでしょうか。

ゴシックの大聖堂の一例としてドイツのケルンの大聖堂（図34、図35、図36）をとりあげてみます。この大聖堂は砂岩で建造されており全長一四四メートル、中央部の身廊天井の高さが四五メートル（世界最大の木造建築といわれる東大寺の屋根の高さが四七・五メートルです）、西の正面にある二つの尖塔の高さは一五七メートルという壮大なものです。一二四三年に着工され、途中で中断し、完成したのは一八八〇年、完成までに実に六百年以上の歳月を経ています（図36のケルン大聖堂の平面図と図39の浄瑠璃寺境内図はほぼ同じ縮尺で示してあります。この石の建造物は浄瑠璃寺の境内を覆うほどの大きさです）。壮大なゴシックの大聖堂は、神の壮麗さを地上に実現したものです。天に向かってそびえ立つ尖塔の足もとに立ってみるとよくわかりますが、天上の神を指し示す、そびえ立つ尖塔のもとで、人間の卑小さが実感として迫ってきます。

さて、ゴシックの大聖堂の正面の入口は西を向いています。信者は西を背にして大聖堂のなかに入り、内陣に向かって祈りをささげます。内陣には十字架上のイエス・キリスト像が立っています（ケルン大聖堂のような大きな教会では、十字架のキリスト像は、壇上に立っているのではなく、針金で天井から吊してあります）。十字架のキリスト像は東を背にして西を向いて立っています。そのキリストに向かって信者は祈るのです。

イエス・キリストというのは、歴史上のイエスという人物が、人類の罪を贖うために神が遣わしたキリスト（救世主、メシア）であるということを意味します。イエスは十字架上に死に、三日後に復活したといわれています。イエス・キリストを信じるというのはイエスがキリストであると信じることであり、それがキリスト教を信仰するということなのです。大聖堂のなかで、西を背にし

図35　ケルン大聖堂内部

図34　ケルン大聖堂

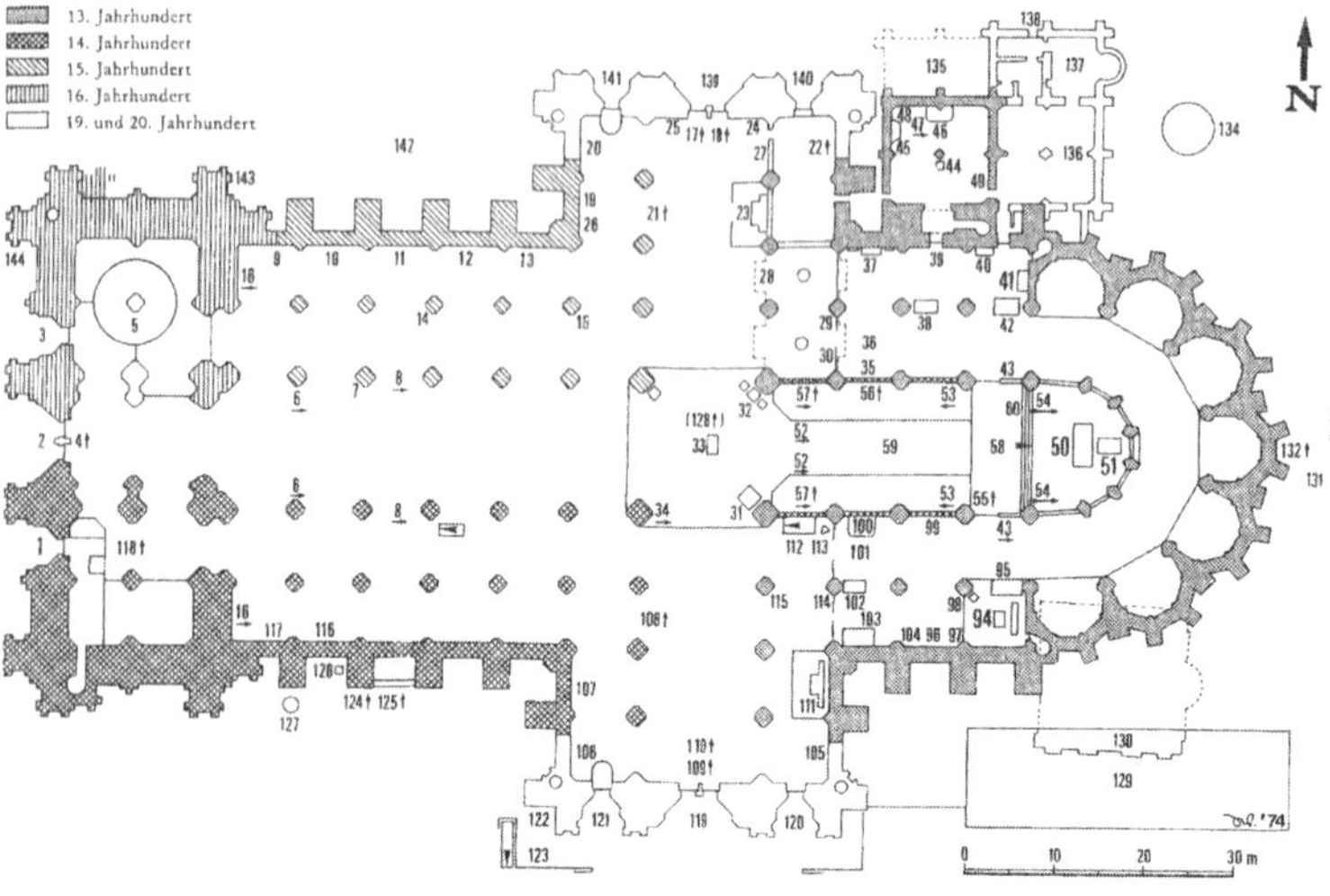

図36　ケルン大聖堂平面図

て（＝死を背負いながら）信者は祈ります。祈りの対象である十字架上のイエス・キリストは、東を背にして（＝復活を背後に控えて）、西を向いて（＝死を正視しながら）立っています。信者は祈りのなかでキリストとともに死を超克し、永遠の生を生きるために復活を願うのです。

仏教の阿弥陀信仰（浄土信仰）のほうはどうでしょうか。具体例として浄瑠璃寺（図37、図38、図39）をとりあげてみましょう。この寺の本堂は十二世紀の初めに造られたといわれていますが、そこに本尊の九体の阿弥陀如来が置かれています。本堂の配置はやはり東西軸に沿っており、阿弥陀如来は西を背にして東を向いて坐っています。信徒はこの阿弥陀如来に向かって（＝西に向かって）祈るのです。キリスト教の大聖堂とは方角が逆になっています。これはどういうことなのでしょうか。

西は消滅・死の暗い方角です。阿弥陀如来が主宰する西方極楽浄土（すべての苦しみを去って安楽に満ちた清浄な世界）は西の無限の（十万億の仏国土を過ぎた）彼方にあるといわれます。阿弥陀仏は無量光仏あるいは無量寿仏ともよばれています。阿弥陀というのは、アミターバないしはアミターユスの音訳（元のサンスクリット語の音に漢字をあてた訳。ですから文字に意味はありません）です。アミターバは意訳（音ではなく、意味をとった訳）して無量光（無限の光明をもつもの）と、アミターユスは意訳して無量寿（無限の寿命をもつもの）ともなります。阿弥陀如来が主宰する西方極楽浄土は無限の光明に満ちた、永遠の世界なのです。そのような世界が西という暗い死の方角にあるというのです。

何故、西が明るいのでしょうか。答えは簡単です。固定した地点から西を眺めると、太陽は沈ん

図37　浄瑠璃寺本堂

図38　浄瑠璃寺本堂内部

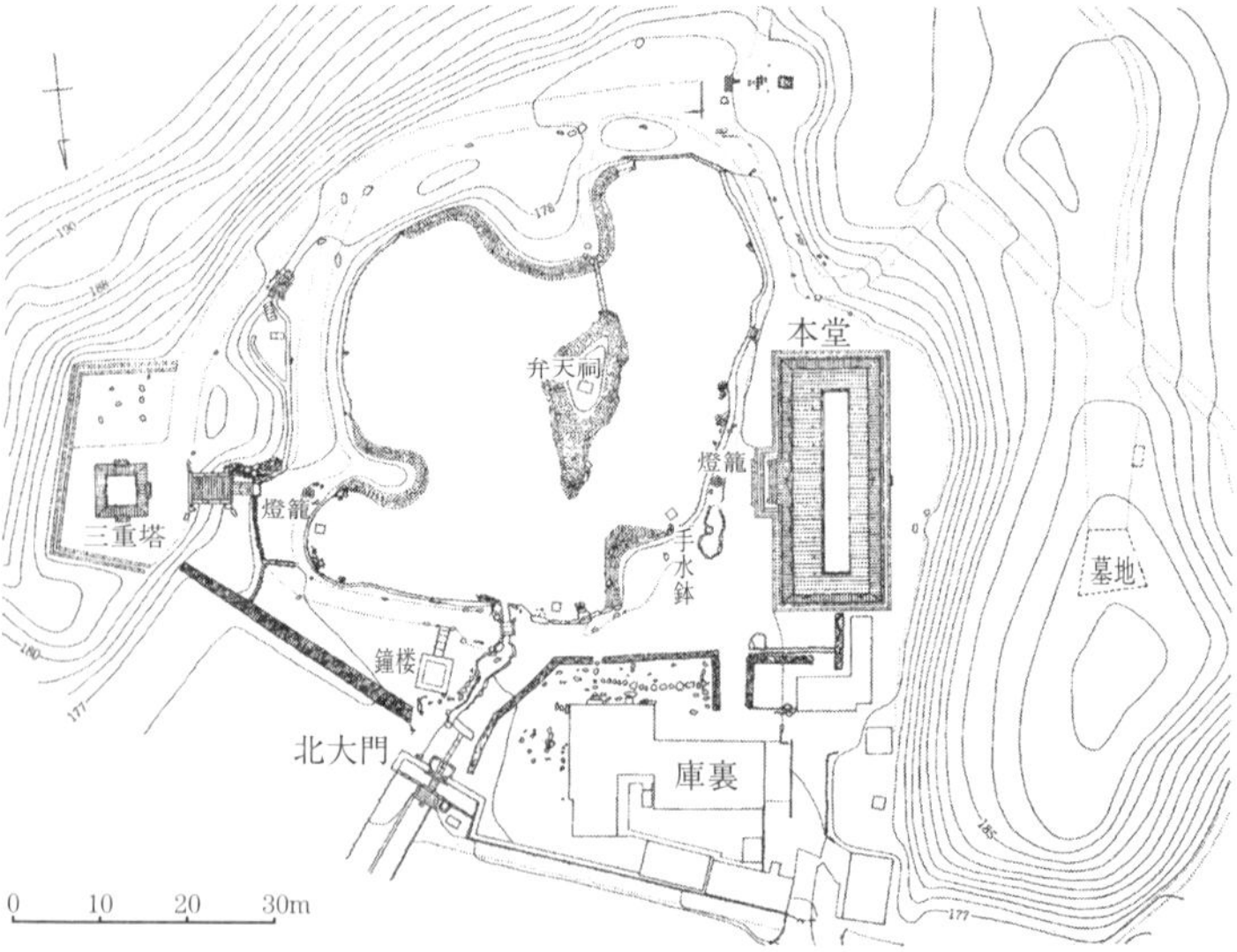

図39　浄瑠璃寺境内図

で姿を消し、西はやがて暗くなります。しかし、固定した地点にとどまらないで、沈んでいく太陽を追いかけるならば、西はいつまでも明るいでしょう。浄土三部経（『無量寿経』、『観無量寿経』、『阿弥陀経』）は浄土宗や浄土真宗の根本経典とみなされています。そのうちの『観無量寿経』は、その名前が示すように、無量寿を観るための方法をのべた経典です。この経典には、無限の光明に満ちた永遠の西方極楽浄土を完全な姿で見（観）ることができるようになるための十六の観想が語られています。初観は日想（太陽の観想）、第二は水想（水の観想）、第三は地想（地の観想）というように、つぎつぎに観想を体得していき、すべての観想の段階を体得し終えたときに、燦然と輝く永遠の浄土の全体が眼前に具体的に顕現するのです（全体像を描いたものに「当麻曼荼羅」などがあります）。このような観想の最初に行なうべきものが日想です。世尊（釈迦）は西に沈んでいく太陽を追いかける方法をつぎのようにのべています。

あなたと、そして、生ける者どもは、心を一筋にし、思念を一処に集中して西方を観想するのだ。……正座して西に向かい、はっきりと太陽を観るのだ。心をしっかりと据え、観想を集中して動揺しないようにし、まさに沈もうとする太陽の形が天空にかかった太鼓のようであるのを観るのだ。すでに太陽を観終ったならば、その映像が眼を閉じているときにも、眼を開いているときにもはっきりと残っているようにするのだ。（『浄土三部経（下）』中村元・早島鏡正・紀野一義訳註、岩波文庫、一四頁）

太陽は西に没して、西の方角は暗闇につつまれます。しかし、没する太陽をイメージの世界で追い続けるのです。そうすることによって、肉眼で見る（視覚的な）西の方角は暗闇におおわれても、心の眼で見る西は明るく輝き続けることになります。極楽浄土は西方十万億土（十万億の仏国土を過ぎた西の彼方）に存在すると説かれています。十万億土というのは、この現世をほとんど超越するほど無限のはるか彼方の距離です。しかし、『観無量寿経』に語られているように（ここでは、初観の日想についてしかふれませんでしたが）、心の眼で見るならば、極楽浄土は眼前に現出するというのです。ですから、西方十万億土という距離は空間的なものではなく、精神的なものであり、肉眼で見る（視覚的な）この世界とは異なった次元に存在する浄土の世界の遠さを表現しているのです。

死んだ後に行くところである西方極楽浄土が、まだ生きているうちに眼前に現出するのであれば、浄土を主宰する阿弥陀如来がこの現世にやってくることも当然できることになります。それが臨終のさいに阿弥陀如来が迎えに来るという来迎です（死ぬことを、「お迎えがくる」というのは、この来迎に由来しています。また、「往生する」というのも、本来は、阿弥陀如来に導かれてこの世を去り極楽浄土に生まれることを意味します）。

この来迎の様子を描いたもっとも有名で見事な絵は京都の知恩院にある「阿弥陀二十五菩薩来迎図」（国宝、十三世紀、図40）でしょう。絵の右下に臨終にさいして正座して合掌する僧侶が描かれており、二十五人の菩薩を従えて来迎する阿弥陀如来が飛翔する雲に乗ってそびえ立つ岩山を駈け下りる姿で描かれています。菩薩たちはさまざまな楽器を奏でており、妙なる音楽が聞こえてきそ

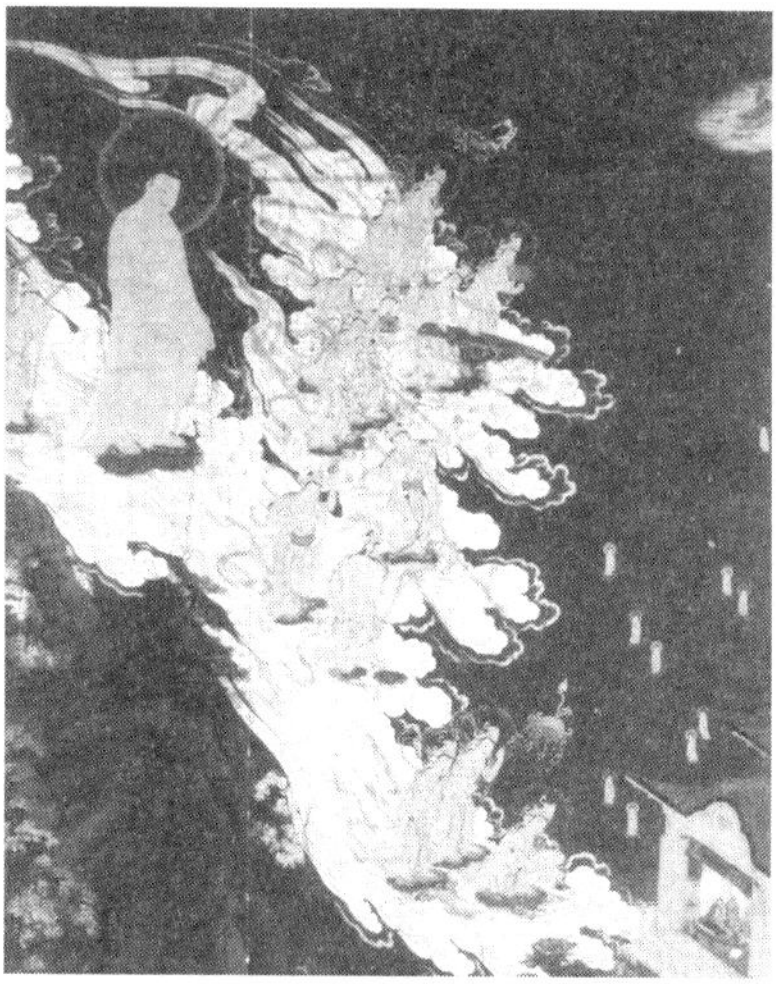

図40 「阿弥陀二十五菩薩来迎図」（部分）

図41 「山越阿弥陀図」（禅林寺）

うです。また、禅林寺の「山越阿弥陀図」（国宝、十三世紀、図41）では、背後に描かれている海の彼方から来迎した阿弥陀如来が山の端に上半身だけ姿を現わしています。観音・勢至の両菩薩が山を越えてこちらに下りてきます。金戒光明寺の「山越阿弥陀図」（重文、十三世紀、図42）は、禅林寺のものと構図は似ていますが、観音・勢至の両菩薩も阿弥陀如来と同じく山の端から上半身を現わしているだけです。この絵では説法印を結んだ阿弥陀如来の指に五色の糸がとりつけられています。現在ではこの糸は短いものですが、昔はもっと長かったのです。屏風仕立になっているこの絵を臨終を迎えつつある人の枕許に立てて、臨終の人はこの糸を握りしめて往生したのです。

さて、もう一度浄瑠璃寺に話をもどします。本堂には九体の阿弥陀如来が西を背にして坐っています（図38）が、なぜ九体もあるのでしょうか。『観無量寿経』に語られているように極楽に往生

図42 「山越阿弥陀図」（金戒光明寺）

図43 浄土寺阿弥陀三尊

するしかたに九段階のランクの違いがあるからなのです。まず、上品《じょうぼん》、中品《ちゅうぼん》、下品《げぼん》の三ランクがあり、それぞれがまた、上品でいえば上品上生《じょうしょう》、上品中生《ちゅうしょう》、上品下生《げしょう》のように、上中下に区別されています。こうして下品下生まで九段階のランクがあり、九体の阿弥陀如来はそれぞれのランクに対応しているのです。すべての衆生はいずれかのランクに該当し、そのランクに対応する阿弥陀如来に導かれて極楽に往生することができるのです。浄瑠璃寺は西方極楽浄土をこの世に再現したものであるといわれますが、むしろ西方の極楽浄土から来迎した阿弥陀如来の姿を体現したものではないでしょうか。

別の例をあげてみましょう。兵庫県の小野市に浄土寺というお寺があります。その本堂は浄土堂（十二世紀末建立）といい、阿弥陀如来の立像が観音・勢至の両菩薩を左右に従えて西を背にして立っています。彼岸の中日に太陽が真西に沈むとき、お堂の後壁に壁面の代わりに取りつけられている蔀戸《しとみど》をはずすと、阿弥陀三尊像の背後から夕日が射し込み、三尊像は真っ赤な陽光のなかに浮かび上がります（図43）。浄土堂は、まさしく堂内に阿弥陀如来の来迎する姿を表現するために建造されているのです。

西は、キリスト教においては暗い方角であり、仏教の阿弥陀信仰においては明るい方角であるという話をしました。同じ西という方角にかんするこのような対照的な違いについてもう少し考えてみることにしましょう。

第二章で、わたしたちがものを見るとき、二重のしかたで見ている、すなわち、肉眼で視覚的に見ている、と同時に、心の眼で見ているという話をしました。〈わたし〉は、肉眼で視覚的に見ている、と同時に、心の眼で見ているのです。このような二重のしかたで見ている〈わたし〉のありかたをもう一度検討してみたいと思います。

西の方角は、夕陽が沈んで、やがて真っ暗になります。これは、〈わたし〉がある固定した地点に立って肉眼で視覚的に見ている光景です。ところが『観無量寿経』の第一の観想「日想」は、西に沈んでいく太陽を「眼を閉じているときにも、眼を開いているときにもはっきりと残っているように」心に焼きつけなさい、と教えます。つまり、肉眼で視覚的に見ることをやめて、心の眼で見ることに集中せよというのです。これは、二重のしかたで見ている〈わたし〉において、肉眼で視覚的に見ている〈わたし〉を捨てて、心の眼で見る〈わたし〉に専念せよといっていることになります。このような修行をつむことによって、肉眼で視覚的に見る〈わたし〉、一般化していえば、感覚知覚的な〈わたし〉からの脱却をめざすのです（仏教がめざす「無我」の境地における「我」というのは、その第一歩として、まず感覚知覚的な〈わたし〉から脱却することによって、〈わたし〉を無化することであるといっていいでしょう）。〈わたし〉が、ひたすら、心の眼で見ることによって、西方十万億土という無限の彼方に存在するという阿弥陀如来の極楽浄土が出現します。十六の観想を順を追って体得すればその浄土がイメージの世界において実現すると『観無量寿経』は語っています。イメージの世界に極楽浄土が出現すれば、阿弥陀如来がそこに姿を現わしているわけです。そうであれば、心の眼で見る〈わたし〉に、阿弥陀如来がこの現世にまで来迎するのも当然のことであるといえるでしょう。

第一章、第二章でのべました「見立て」もまた同じような構造をしています。庭園の池を大海に、池につきだしている石組みを天橋立に見立てるというのは、肉眼で視覚的に見る〈わたし〉が庭園の池や池につきだしている石組みを見ながら、心の眼で〈わたし〉は大海や天橋立を見ている、あるいは、そこへと飛翔（移行）しているということです。このとき、本当の〈わたし〉は、肉眼で視覚的に見ている〈わたし〉にではなく、心の眼で見ている〈わたし〉にあるのです。第六章で弓術と剣術の話をしたとき、弓術の阿波師範が「的を見ないかのように見る」といい、剣術の達人柳生宗矩が「みる様にして見ず、見ぬようにして見る」と語っていたのを覚えておられるでしょうか。また、宮本武蔵も柳生宗矩も、観見二つの見かたがあって、観の眼が大切であり、見の眼は二の次であると語っていました。これもまた、いまのべている見かたと同様です。このような見かたは、肉眼として生理的な意味で、また、精神的な意味で、中心窩をはずして見る（中心窩による見えから意識的に離れる）ことを意味します。そういう見かたを徹底しようとするところに、日本人のものの見かたの特徴があります（日本文化は正視しない文化であるというのは、中心窩をはずして見る文化であるということです）。そして、徹底せずに中途半端で終わるときには、事実を正視しない日本の悪しき精神主義が生まれることにもなります。

日本の伝統的な文化において、見る〈わたし〉が、肉眼で視覚的に見る〈わたし〉と心の眼で見る〈わたし〉とに分離し、心の眼で見る〈わたし〉が肉眼で視覚的に見る〈わたし〉を離れて自由に飛翔（移行）するという話をしました。ヨーロッパのゴシックの大聖堂にみられるキリスト教の信仰において、西が消滅の暗い方角であるのは、心の眼で見る〈わたし〉が、肉眼で視覚的に見る〈わたし〉から分離することなく、そこに、居合わせているからです。肉眼で視覚的に見る〈わたし〉と心の眼で見る〈わたし〉は乖離することなく協働しているのです。

第三章でルネサンスのパースペクティヴの視座についてお話ししましたが、あの固定した一点から世界を見る〈わたし〉（視座）は、肉眼で視覚的に見る〈わたし〉を一点に固定することによって心の眼で見る〈わたし〉をそこに固定しようという試みだったということができるのです。ルネサンス以前の中世の見る〈わたし〉は、肉眼で視覚的に見る、つまり、感覚知覚的な〈わたし〉を放置して、ひたすら天上の神、神の秩序に心を奪われていました。ルネサンスのパースペクティヴの〈わたし〉（視座）は、肉眼で視覚的に見る、感覚知覚的な〈わたし〉の主権の回復なのです。それは肉眼で視覚的に見る、感覚知覚的な〈わたし〉が、心の眼で見る〈わたし〉を、みずからのもとに従属させようとした試みであるということができるのです。

あらかじめのべておきますと、肉眼で視覚的に見る〈わたし〉と心の眼で見る〈わたし〉、いいかえますと、感覚知覚的な〈わたし〉と精神的な〈わたし〉、この二つが協働するという前提があってはじめて、補論の第一章でお話するデカルトの哲学の誕生も可能になります。この前提、つまり、両者が協働する、いいかえますと、両者が緊密な関係をもつことによって、精神にとって感覚知覚にたいする不満（感覚知覚のもつ欠陥）が問題となりうるからです。デカルトの「考える〈わたし〉」は精神としての〈わたし〉、つまり、心の眼で見る〈わたし〉のことです。この〈わたし〉は、こうして、肉眼で視覚的に見る〈わたし〉、いいかえますと、〈わたし〉の感覚知覚と対峙することになり、そこから自立しようとするのです。ルネサンスのパースペクティヴの視座の確立からデカルトの哲学の成立にいたる過程にはこのような経緯が存在しているように思われます。

日本の場合、心の眼で見る〈わたし〉が、肉眼で視覚的に見る〈わたし〉から遊離し、そのもとから去る、あるいは、禅におけるように、肉眼で視覚的に見る〈わたし〉を離れ、心の眼で見る〈わたし〉の消滅を究極においてめざそうとすると、肉眼による視覚的な見えはとり残されてしまいます。すると、心の眼で見る〈わたし〉に放置された肉眼による視覚的な見え、つまり、感覚知覚はどうなるでしょうか。精神が感覚知覚から遊離し、感覚知覚との関係が断たれるならば、精神は感覚知覚と対峙するどころか、感覚知覚の領域は精神にとって不可侵の神秘にみちた領域として存続することになるでしょう。

また、禅におけるように、心の眼で見る〈わたし〉そのものが消滅すれば、肉眼で視覚的に見る

〈わたし〉も消滅し、後に残るのは、〈わたし〉が無化した後に見える光景だけです。「柳は緑、花は紅」というのはそのような光景を意味するでしょうし、それが「ありのまま」、「あるがまま」の光景であるというわけです。補論第二章でお話する西田幾多郎の哲学は、「純粋経験」というこのような光景を基礎に置く哲学です。精神が感覚知覚のもとを去ることによって、感覚知覚のほうが自立することになり、精神がそのなかに回帰し、埋没することも可能になるのです。日本においては伝統的にもともと感覚知覚は精神と対立するものではなく、精神にたいする自然として絶対的優位をもつものでした。そのことについては次章でまた詳しくのべることにします。

西という方角にかんする受けとめかたの違いについてお話しました。話のなかで、日本の伝統文化における〈わたし〉は、心の眼で見る〈わたし〉が肉眼で視覚的に見る〈わたし〉から遊離して自由に飛翔（移行）する、そういうありかたをしているとのべました。このような〈わたし〉のありかたは、生まれたばかりの日本の赤ん坊がすでに身につけているものではもちろんありません。成長していく過程で体得するのです。日本文化における〈わたし〉のありかたについてもう少し検討してみたいと思います。

生まれたばかりの赤ん坊にはまだ〈わたし〉は存在しません。やがて三歳前後のいわゆる第一反抗期になると、幼児は自覚しはじめた〈わたし〉を維持しようとして、周囲のものに反抗的態度をとるようになります。何をいわれても「いや」を連発する幼児は、「ボク」や「アタシ」などといえるようになります。ここに〈わたし〉が誕生するのです。やがて十四、五歳のころから第二反抗期がはじまります。この時期には、それまで知らなかった性の衝動が身体内部から突き上げてきて、〈わたし〉はこの新たな身体的衝動との統合をせまられるのです。この時期の〈わたし〉に生じていることを、新聞の生活欄に載っていた投稿の文章を引用して検討してみましょう。

中2の夏ごろから、自分はいつか死んで、この世から消えてしまうんだということを意識するようになりました。それからは、どんなに面白いことや嬉しいことがあっても、その考えが頭の片隅で邪魔をします。

そんなことを悩んでもしょうがない、今は生きているんだから今を精いっぱい楽しめばいいんだと何度も自分に言い聞かせるのですが、どうしても心からそう思うことができず、怖くて不安な気持ちから抜け出せません。（以下省略）（『朝日新聞』二〇〇五年三月五日朝刊）

投稿者は十五歳になる中学三年の女子です。この女の子は、「中2の夏ごろから、自分はいつか死んで、この世から消えてしまうんだということを　意識するようになりました」と書いています。中二の夏ごろに始まったこと、それは、この女の子の〈わたし〉が最終的に自立し、独立しようとしはじめたということです。〈わたし〉が自立し、独立しようとするから、その〈わたし〉そのものの消滅の危機すなわち死が恐怖感をともなって迫ってくるのです。いま、この女の子が感じている死の恐怖は、〈わたし〉が、〈わたし〉そのものの消滅の危機に直面して感じている恐怖です。「怖くて不安な気持ちから抜け出せません」と書かれています。どうにもしようのないことが生じるのが思春期という時期であり、この恐怖も、思春期という時期に特徴的な恐怖です。このような思春期をまっとうに経ることによって、女の子のかけがえのない〈わたし〉が確立し、〈わたし〉が自立することができるでしょう。自立するというのは、死によって隔てられて孤立するということでもあるのです。あなたは、いま、真の意味で、大人になろうとしているのです、ほかならぬ、あなた自身のかけがえのない人生に出会おうとしているのです、あなただけではなく、まっとうに生きようとしている人はだれもが感じることなのです、と励ましてやりたい気持になります。

この女の子がその後どうしているかは知りません。しかし、日本では、一般的に、自立しようとする〈わたし〉が〈わたし〉自身の死に直面する思春期のころから、それまで生き生きした眼で相手の眼を正視していた女の子や男の子が相手の眼から視線をそらすようになります。このころから人やものごとを正視しない日本の文化がそのなかに生きる人間に本格的な影響力を発揮するようになるのです。

文化の違いによってみずからの死にたいする対応のしかたが違います。人間は死を直視することができず、何らかのしかたで死を回避しようとするのです。キリスト教文化においては、〈わたし〉の死の恐怖（消滅の恐怖）は、死を超えて復活するという信仰によって回避しようとします。それにたいして、日本の文化においては、心の眼で見る〈わたし〉は、肉眼で視覚的に見る〈わたし〉から離れて飛翔（移行）し、〈わたし〉が自立し、孤立することによって直面せざるをえない〈わたし〉自身の死の恐怖（消滅の恐怖）を、究極において自然のなかに溶けこんで〈わたし〉そのものが解消するというしかたで回避しようとします（詳しくは次章でお話します）。人やものごとを正視しない日本の文化における〈わたし〉のありかたは、〈わたし〉そのものを解消しようとする、このような死にたいする対応のしかたに根ざしているように思われるのです。

日本の伝統文化のなかで〈わたし〉がどのようなありかたをしているかについてはすでに第三章でも言及しましたが、西洋文化をうけいれた後で日本の伝統文化と西洋文化との関係がどのようになっているか、さらに検討してみたいと思います。

まず森鷗外の場合をとりあげてみます。森鷗外（一八六二―一九二二）は一八八四年から一八八八年にかけて、ほぼ四年間、ドイツに留学した経験があり、当時の日本における第一級の西欧通でした。その森鷗外が二十世紀のはじめにつぎのようにのべていますます。長い文章ですが、そのまま引用してみます。

自分は小さい時から小説が好きなので、外国語を学んでからも、暇があれば外国の小説を読んでいる。どれを読んで見てもこの自我が無くなるということは最も大いなる最も深い苦痛だと云ってある。ところが自分には単に我が無くなるということだけならば、苦痛とは思われない。只刃物で死んだら、その刹那に肉体の痛みを覚えるだろうと思い、病や薬で死んだら、それぞれの病症薬症に相応して、窒息するとか痙攣するとかいう苦しみを覚えるだろうと思うのである。自我が無くなる為めの苦痛は無い。

西洋人は死を恐れないのは野蛮人の性質だと云っている。自分は西洋人の謂う野蛮人というものかも知れないと思う。そう思うと同時に、小さい時二親が、侍の家に生まれたのだから、切腹ということが出来なくてはならないと度々諭したことを思い出す。その時も肉体の痛みがあるだろうと思って、その痛みを忍ばなくてはなるまいと思ったことを思い出す。そしていよいよ所謂野蛮人かも知れないと思う。しかしその西洋人の見解が尤もだと承服することは出来ない。

そんなら自我が無くなるということに就いて、平気でいるかというに、そうではない。その自我というものが有る間に、それをどんな物だとはっきり考えても見ずに、知らずに、それを無くしてしまうのが口惜しい。残念である。漢学者の謂う酔生夢死というような生涯を送ってしまうのが残念である。それを口惜しい、残念だと思うと同時に、痛切に心の空虚を感ずる。なんともかとも言われない寂しさを覚える。(「妄想」、『山椒大夫・高瀬舟』新潮文庫、五〇―五一頁)

森鷗外は、自分に、自我(=ものを見る・ものを考える〈わたし〉)がない、といっているのではありません。無くなることに苦痛を覚えるような自我がないと語っているのです。無くなることに苦痛を覚えるような自我(=ものを見る・ものを考える〈わたし〉)というのが西洋人の自我、すなわち、いわゆる近代的自我(=近代的にものを見る・ものを考える〈わたし〉)です。西洋人にとって、死というのは、そのような自我がなくなることです。西洋人にとって、死の恐怖というのは自我がなくなることとの恐怖なのです。鷗外は(そして一般に明治の人は)真摯です。鷗外には西洋人のいう自我がわからないということがわかっていました。引用した「妄想」という作品が発表されたのは一九一一（明治四四）年です。

それからわずか三十年ばかりしか経っていない一九四二（昭和一七）年のことです。この年の七月に、「近代の超克」をテーマにした座談会（河上徹太郎が主宰。哲学者、文学者、科学者、歴史学者、神学者など気鋭の知識人たち十三名が参加）が二日間、合計八時間にわたって開催され、その記録が雑誌『文学界』（十月号）に掲載されました。その十年ほどまえの一九三一年に満洲事変がはじまり、太平洋戦争へといたる十五年戦争が始まりました。一九三三年に日本は国際連盟を脱退、一九三七年に日中戦争（支那事変）が起きています。一九四一年十二月八日に太平洋戦争が勃発、日本は米英蘭などの欧米を相手に開戦し、日中戦争も太平洋戦争の一部となりました。

「近代の超克」をテーマにした座談会は太平洋戦争の勃発から半年余り後に開催されています。戦後、この座談会を総括して論じた中国文学者の竹内好（一九一〇―一九七七）は、満洲事変と、それに続く日中戦争のあいだ、多くの知識人たちは屈折した複雑な気持でいたが、太平洋戦争の勃発によって解放感を味わった、と書いています（竹内は、自分もふくめて当時の知識人たちの実感を語っているのです）。満洲事変や日中戦争は明らかに侵略戦争でしたが、太平洋戦争は植民地争奪をめぐる帝国主義国家間の戦争であり、日中戦争がそのなかにくみこまれることによって、後ろめたさが解消したのです（『近代の超克』筑摩叢書。以下も同じ）。帝国主義の戦争だった太平洋戦争の相手は米英蘭という西洋の国でした。明治以来の日本人は、日本の伝統的感性とは異質な西洋文化にたいして、憧れと反発という相反する複雑な感情をいだき続けてきました。日本という国家の存亡をかけた戦時体制のなかで自己の存在（アイデンティティ）を確認するかのように、「近代の超克」というテーマに知識人たちがとびついたのです。

竹内がいうように、この座談会は「「超克」すべき「近代」（すなわち、西洋）の理解からして各人まちまちで」、戦後になって読み返してみると、「不思議に思われるほど思想的には無内容」です。議論はかみあわず、堂々めぐりをし、「結論らしいものは何もないままに散会している」のです。「思想的には無内容」が、何故、竹内にとって、「不思議に思われるほど」であったのかといいますと、座談会が提起した「近代の超克」というテーマが、「思想的には無内容」であるにもかかわらず、当時の、とくに若い人たちに「暴威をふるった」からです。この座談会を読んで、そのなかに自分の思いを読みこんだ多くの若い人たちが強制的に戦場に駆り立てられて、帰らぬ人となりました。

「「近代の超克」は、事件としては過ぎ去っている。しかし思想としては過ぎ去っていない」と竹内はのべています。思想が成立するためには、当然のことですが、それを成立させる思考が存在しているわけです。思想という言葉を思考されたものという意味にうけとめるならば、竹内の「思想としては過ぎ去っていない」という指摘は、（日本人が）思考するさいの問題として存在し続けているということになります。竹内の言葉をそのようにうけとめたいと思います。

一九七〇年代にはいって、近代的自我（＝近代的にものを見る・ものを考える〈わたし〉）はもう時代遅れであるという風潮がまた広まりました。それは、日本の経済力がドイツなどのヨーロッパを追い抜いたことと符合しているようです。そして現在、この風潮は世の中にすっかり浸透したように思われます。明るさを装った空虚な笑いの喧噪が世相にあふれているのはそのことと無関係ではないかもしれません。近代は超克すべきだ、近代的自我はもう時代遅れであるという人たちは、森鷗外がわからないといった近代的自我をわかったつもりになっているのでしょう。しかし、頭でわかっているつもりになっているだけで、わかっていないことがわからなくなっているのだとしたら、事態は深刻です。西洋のことも日本のことも何が何だかわからなくなっており、超克すべき近代がよくわからないまま、超克しようとしたり、時代遅れであるとみなすことを平然と、しかも、大真面目でやっていることになるからです。喜劇的というよりも悲劇的ではないでしょうか。

事実はこういうことであるように思われます。つまり、日本が明治以降に輸入した近代的自我なるものは、日本の伝統的な感性とはまったく異質なもので、相容れない矛盾するものであった。それにもかかわらず、日本人はその異質性を自覚することなく、ある程度まで——というのは、日本の伝統的な感性に根ざすまでにはいたらず、感性とは遊離したままで、という意味ですが——身につけてしまった。ですから、日本という国家の非常事態のなかで自己の存在を確認するために、あるいは、日本が経済的に豊かになって自分に自信がもてるようになると、伝統的な感性とは相容れない異質な、西洋から輸入した近代的自我を借り着のように脱ぎ捨てたくなるのでしょう。

しかし、もはや、そうはいかないのです。夏目漱石（一八六七—一九一六）が神経衰弱に苦しんだことは有名です。漱石の神経衰弱は、自分の内部の、伝統的な感性と、それとは相容れず、伝統的な感性に根拠をもたない近代的自我との葛藤から生じています。芥川龍之介（一八九二—一九二七）や太宰治（一九〇九—一九四八）の自殺はそのような葛藤から生じた結末であるように思えます。明治以降の日本人は、自己に誠実に生きようとすれば、神経衰弱になりかねない、あるいは、死にいたるような、自己分裂と葛藤の可能性を精神の内部にかかえこんでいるのです。

最後に、精神の内部にかかえこんだ自己分裂と葛藤を日本の伝統的な感性のなかに回帰することによって解決した見事な一例として、志賀直哉をとりあげておきたいと思います（要点のみにとどめます。詳しいことは別の機会にゆずらなければなりません）。夏目漱石の場合ほど有名ではないかもしれませんが、志賀直哉（一八八三―一九七一）も青年時代に十数年間、自己分裂と葛藤から生じた神経衰弱に苦しみました。志賀直哉の場合、葛藤は、キリスト教に支えを見いだそうとした近代的自我と、日本の伝統的な感性との間の軋轢から生じています。志賀直哉の唯一の長編小説である『暗夜行路』は、近代的自我〈わたし〉を脱却し日本の伝統的感性のなかに立脚するにいたるという転回を語る物語です。この作品の後編の最後におかれている、深夜の大山登山の場面をまず読んでみることにしましょう。

伯耆《ほうき》（現在の鳥取県西部）の大山の中腹にある宿坊に滞在している主人公の時任謙作は、同宿の仲間たちと一緒に曙光を見ようと深夜に頂上をめざしますが、疲労のため、皆についていくことができなくなり、途中で一人残ることにしました。彼は萱の生えた草むらに、山を背にして腰をおろしています。「遠く上の方から、今登って行った連中の「六根清浄、お山は晴天」という声が二三度聴えて」きました。「それからはもう何も聴えず、彼は広い空の下に全く一人に」なりました。「冷々した風が音もなく萱の穂を動かす程度に吹いて」いました。

疲れ切ってはいるが、それが不思議な陶酔感となって彼に感ぜられた。彼は自分の精神も肉体も、今、この大きな自然の中に溶込んで行くのを感じた。その自然というのは芥子粒程に小さい彼を無限の大きさで包んでいる気体のような眼に感ぜられないものであるが、その中に溶けて行く、――それに還元される感じが言葉に表現出来ない程の快さであった。何の不安もなく、睡い時、睡に落ちて行く感じにも多少似ていた。……大きな自然に溶込むこの感じは彼にとって必ずしも初めての経験ではないが、この陶酔感は初めての経験であった。これまでの場合では溶込むというよりも、それに吸込まれる感じで、或る快感はあっても、同時にそれに抵抗しようとする意志も自然に起るような性質もあるものだった。しかも抵抗し難い感じから不安をも感ずるのであったが、今のは全くそれとは別だった。彼にはそれに抵抗しようとする気持は全くなかった、そしてなるがままに溶込んで行く快感だけが、何の不安もなく感ぜられるのであった。

静かな夜で、夜鳥の声も聴えなかった。そして下には薄い靄がかかり、村々の灯も全く見えず、見えるものといえば星と、その下に何か大きな動物の背のような感じのするこの山の姿が薄く仰がれるだけで、彼は今、自分が一歩、永遠に通ずる路に踏出したというような事を考えていた。彼は少しも死の恐怖を感じなかった。然し、もし死ぬならこのまま死んでも少しも憾むところはないと思った。然し永遠に通ずるとは死ぬ事だという風にも考えていなかった。

（後編第四）

引用文の省略記号（……）の直後の「大きな自然に溶込むこの感じは」から「今のは全くそれと

は別だった」までの文章は、作品の前編において、主人公の謙作が船で神戸まで行くときの場面と対比させて書かれています。その場面にはどのようなことが書かれているか読んでみましょう。

船上の謙作が、夜、寝る前にもう一度、外の景色を見ようと思って、甲板へでたときのことです。「真暗な夜で、見えるものは何も」ありませんでした。「只マストの高い処に小さな灯が一つ、最初星かと思った程に遠く見えただけ」でした。誰もいません。強い風が吹いていて、「ヒュー〳〵と風の叫び、その風に波がしらを折られる、さあ〳〵というような水音」だけが聞こえました。「船は風に逆らい、黙って闇へ突き進」んで行きます。「それは何か大きな怪物のように」思われました。謙作は、「外套にくるまって、少し両足を開いて立って」いましたが、「それでも、うねりに従う船の大きい動揺と、向い風とで時々よろけそうに」なりました。

彼は今、自分が非常に大きなものに包まれている事を感じた。上も下も前も後も左も右も限りない闇だ。その中心に彼はこうして立っている。総ての人は今、家の中に眠っている。自分だけが、一人自然に対し、こうして立っている。総ての人々を代表して。と、そういった誇張された気分に彼は捕えられた。それにしろ、矢張り何か大きなく ものの中に自身が吸い込まれて行く感じに打克てなかった。これは必ずしも悪い気持ちとは云えなかったが何か頼りない心細さを感じた。彼は自身の存在をもっと確かめようとするように殊更下腹に力を入れ、肺臓一杯の呼吸をしていたが、それをゆるめると直ぐ、又大きなものに吸い込まれそうになった。

（前編第二）

前編の謙作はいま、闇のなかで、「非常に大きなものに包まれている事」を感じています。そして、この「何か大きなくものの中に自身が吸い込まれて行く感じ」は、「必ずしも悪い気持ちとは云えなかった」のですが、「何か頼りない心細さ」を感じます。そこで、彼は、「殊更下腹に力を入れ、肺臓一杯の呼吸をして」、「自身の存在をもっと確かめようとするように」――と書かれています――、「吸い込まれて行く感じ」に抵抗しようとします。しかし、「それをゆるめると直ぐ、又大きなものに吸い込まれそうになった」というのです。

謙作は、「自然に対して立っている」のです。自然に対立して立っているときには、自然に対立する謙作の〈わたし〉（自我）が存在しています。謙作はその〈わたし〉のもとにあり、自然はその〈わたし〉に対立して存在しています。「上も下も前も後も左も右も限りない闇」です。「その中心に彼はこうして立っている」と書かれています。〈わたし〉が存在するから、そこに「中心」が成立し、「中心」となっている〈わたし〉が存在するから、上下、前後、左右が成立します。「自身の存在をもっと確かめようとするように」というのは、そのような〈わたし〉の存在をもっと確かなものにしようとするように、ということです。

それだけではありません。こうして立っている謙作の〈わたし〉（自我）は、「総ての人」が「家の中に眠っている」この夜中に、「自分」が「一人」だけで、「総ての人々を代表して」、「自然に対し、こうして立っている」という「気分」に捕らえられているのです。「総ての人々を代表して。と、そういった誇張された気分に彼は捕えられた」と書かれています。ここで、「総ての人々を代表して」までが、当時の謙作の気分の内容です。「と、そういった誇張された」というのは、謙作を眺めている作者の説明であって、謙作自身に、いま、自覚されていることではありません。作者が「誇張された」といっている、その内実は、「誇大な」、「不遜な」、「思い上がった」ということを意味します（そのことは、後になって自覚できるわけです。自覚した作者が、自覚する以前の謙作についてここで説明しているのです）。

『暗夜行路』は主人公の謙作が自分の〈わたし〉（自我）に固執することから生じる葛藤と苦悩を描いた作品であり、〈わたし〉に固執する自分の傲慢（「誇大で不遜な思い上がり」）が罰せられ、〈わたし〉が大自然のなかに解消することによって救済されるという構成をもつ作品です。それは、志賀直哉自身の青年時代の精神の歩みそのものなのです。〈わたし〉の存在とその消滅の恐怖、すなわち死の恐怖について、やがて七十五歳になろうとする作者は青年時代を回顧してつぎのように語っています。

> 二十代の頃は、毎晩のやうに死の恐怖に襲はれたもんだ。それは、自分が無限の暗闇の中へ引きずりこまれて行く感じで、今夜も又、夢うつつにあの気持ちになるのかと思ふと、夕方からもう、夜の来るのが恐ろしかった。（阿川弘之『志賀直哉（下）』岩波書店）

〈わたし〉（自我）の意識が抜きがたく存在するのに、感性と緊密に統合されていないとき――神経衰弱という病はこの齟齬から生じているように思われます――、眠りにおちる直前に意識の最後の一点がまだ覚醒した状態で残っているという事態が生じます。青年時代の志賀直哉は、「毎晩のように」覚醒した意識の最後の一点が「無限の暗闇の中へ引きずりこまれて行く」ような「死の恐怖」を感じ続けていたのです（引用は省略しますが、神経衰弱に苦しんでいた夏目漱石も全く同様のことをのべています。志賀直哉や漱石の場合と鷗外との違いはこの点にもはっきりと現われているということができるでしょう）。

『暗夜行路』前編の謙作は、夜の船上で一人きりで甲板に立っていたときに、「自分が非常に大きなものに包まれている事を感じて」います。それは、謙作の〈わたし〉（自我）が感じていることでした。

ここで、さきほどの大山の場面の引用文にもどってみましょう。大山の山腹に深夜に一人で腰を下ろして坐っている謙作について作者は、「大きな自然に溶込むこの感じは彼にとって必ずしも初めての経験ではない」と書いています。それは、すでに神戸に向かう船上で経験したことだったのです。そのときと違うのは、「大きな自然に溶込む感じ」が「不思議な陶酔感」をともなっていたことです。以前の経験では、自然のなかに「溶込むというよりも、それに吸込まれる感じで、或る快感はあっても、同時にそれに抵抗しようとする意志も自然に起るような性質もあるもの」で、抵抗しようとしても、「抵抗し難い感じから不安をも感ずる」ようなものでした。

だが、いまは全く違います。いまは、「この大きな自然の中に溶込んで行く」――「吸込まれる」のではなく、「溶込んで行く」のです――、「彼にはそれに抵抗しようとする気持は全くなかった、そしてなるがままに溶込んで行く快感だけが、何の不安もなく感ぜられるのであった」と書かれています。謙作の精神と肉体は、「芥子粒程に小さい」ものに感じられ、「無限の大きさで包んでいる気体のような眼に感ぜられない」大自然のなかに、「溶けて行く、——それに還元される感じが言葉に表現出来ない程の快さであった」というのです。

謙作にとって「初めての経験」だった、この「陶酔感」は、謙作の〈わたし〉(自我)が大自然のなかに溶解し、解消していくことから生じています。それが、「この大きな自然の中に溶込んで行く」感じです。船の甲板に立っていたときには、〈わたし〉(自我)が残り続けていたので、「吸込まれる」感じがしたのです。謙作が「今、自分が一歩、永遠に通ずる路に踏出したというような事を考えた」のは、〈わたし〉(自我)が解消することによって、時の流れが止まる(時が流れなくなる)からです。〈わたし〉が消滅すると何故、時が流れなくなるのでしょうか。前編の謙作が船で神戸に向かう場面にかんして、謙作にとって〈わたし〉が存在しているから、その〈わたし〉を中心にして、空間的な上下、前後、左右が成立するとのべました。中心となる〈わたし〉が消滅すれば、空間的な上下、前後、左右も消滅します。〈わたし〉の消滅によって、時の流れの前後もまた消滅するのです。そして、時は流れなくなります。

「少しも死の恐怖を感じなかった」のは、〈わたし〉(自我)が自然のなかに解消することによって、〈わたし〉(自我)の消滅の恐怖(=死の恐怖)そのものが消滅するからです。ここで「永遠」といわれているのは、〈わたし〉(自我)の消滅によって、時の流れが消滅し、〈わたし〉(自我)の消滅の可能性そのものが消滅することを意味しており、船上に立っていた謙作の場合のように、〈わたし〉(自我)の「永生」を、時の流れに抗して存続するものに託すのとは異なっています。謙作は「もし死ぬならこのまま死んでも少しも憾むところはないと思った」のですが、「然し永遠に通ずるとは死ぬ事だという風にも考えていなかった」と書かれています。「永遠に通ずる」というのは、（肉体的に）死ぬことではなく、精神的な意味で死ぬこと、すなわち、〈わたし〉（自我）の消滅を意味するのです。

さきほど、志賀直哉が日本の伝統的な感性のなかに見事に復帰をとげたとのべました。謙作が感じた、自然のなかに溶けこむ安らぎ・快感は、古代の万葉人がすでに感じていたものです（そのことは次章でお話します）。志賀直哉の場合、その快感が陶酔感とよばれるほど強烈であったのは、そこにいたるまでの〈わたし〉（自我）の屹立から生じる不安や苦悩の強烈さの裏返し、つまりその反作用であったことによるように思われます。森鷗外は、なくなることに恐怖を覚えるような自我〈わたし〉がない、と語っていました。志賀直哉は日本の伝統的な感性のなかに復帰したとき、少しも死の恐怖を感じなかったとのべています。

志賀直哉は青年時代に、死の恐怖を感じながら、なくなることに恐怖を覚えるような〈わたし〉（自我）に固執し続けたのです。そのような〈わたし〉（自我）が解消することによって、『暗夜行路』の主人公謙作（＝作者である志賀直哉）は救済されるのです。この救済は第五章でお話しました、仏教が教える救済でもあるのです（『暗夜行路』のなかには謙作が仏教の教えに感動する重要な場面もでてきますし、それは青年時代の志賀直哉自身の歩みそのものでもあるのです）。ある意味では、森鷗外は志賀直哉が到達した地平にはじめから立っているということもできます。鷗外には、志賀直哉のような〈わたし〉（自我）に固執するという経験がありませんでした。鷗外が西洋人の〈わたし〉（自我）を前にして茫然と佇んでいるのにたいして、志賀直哉は、一度、西洋人の〈わたし〉（自我）にまで身をもって（頭でではなく、という意味ですが）赴いたあとで、そこから日本人の伝統的な〈わたし〉（自我）のありかたへと帰還しているのです。

第八章　神に支えられた〈わたし〉、自然のなかに溶けこんでいる〈わたし〉

――キリスト教の「神の眼」と日本の「見れば……見ゆ」

第二章で、人間の見ることについてのべながら、〈わたし〉がどこにいるのかという話をしました。また、第三章では、西欧文化においては、〈わたし〉が世界の外にでて、世界の外の一点に固定されているということ、それにたいして、日本の伝統文化においては、〈わたし〉が世界のなかを自由に移動するということ、について話をしました。この最終章では、〈わたし〉の根拠、つまり、〈わたし〉がその支えをどこに、どのように見出しているのかということについてお話ししたいと思います。

西欧のキリスト教文化は古代ギリシャ文化の影響をうけ、それと融合したうえで成立しています。文化の基底に存在する、ものを見る〈わたし〉のありかたがすでにそうなのです。プラトン（前四二七―前三四七）の作品のなかにつぎのようなことばがあります。

われわれ人間の生は、何ものかの監視においてあるのであり、その監視からわれわれはみずからを解き放ってはならず、逃げ出すことも許されない。（『パイドン』六二B。訳文は岩波書店版全集の松永雄二訳によりましたが、訳語を一部変えさせていただきました）

プラトンが「何ものかの監視」といっている箇所を、ヘブライ・キリスト教の超越神の監視の意味に置き換えると、初期キリスト教会の神学者アウグスティヌス（三五四－四三〇）のつぎのようなことばに変貌をとげることになります。

わたしたちは、あなたが造られたものを、それらが存在するから見るのであるが、しかしそれらのものは、あなたがそれらを見るから存在するのである。（『告白』一三巻三八章、服部英二郎訳『告白（下）』岩波文庫。訳文は一部変えさせていただきました）

プラトンの「何ものか」は、ギリシャの神を意味するでしょう。人間は人間を超える何ものかに見つめられ（監視され）て人間として存在している。そのことから自己を解き放ってしまうならば、そこから逃げ出してしまうならば、もはや（古代ギリシャでいうところの）人間ではなくなってしまう、プラトンはそう語っているのです。

プラトンのいう「何ものか」が、万物を創造したキリスト教の神であるということになれば、人間の自己の存在そのものが神によって創造されたものであり、その人間が見るものすべても、神が見るから存在する、ということになります。人間が自己を含めたすべてを見るということは、神が見るから、つまり、神に見つめられて、成立するのです。人間はそのことから、もはや、みずからを解き放つことはできませんし、そこから逃げだすことも不可能です。

キリスト教の神は唯一、絶対である超越神です。〈わたし〉の存在は神を支え（＝根拠）にして成立しています。人間が自然を見るとき、自然は人間に直接に存在しているのではないのです。神が見るから自然は存在しているのであり、その自然を人間は見るのです。つまり、神が見るから存在している自然を人間が見るという、このことによって、自然を見る人間の眼は、自然から超越することになります。自然は神の眼を介して間接に存在している、いいかえますと、人間と自然とのあいだには距離が存在するのです。自然と人間とのあいだに介在するこのような神が、キリスト教の父なる神です。

このことを、人間と神との関係でいいかえますと、人間と神との関係は、存在する事物（自然、被造物）を人間と神とがそれぞれ見るというように、存在する事物を介して、間接的に成立していることになります。時代の経過とともにこの関係は、存在する事物を介さずに、見ることとそのものにおいて直接的に成立するようになります（時代の経過とともに、とのべましたが、その間に実に九百年という時間が経過しています。これは中世という時代をほとんど覆ってしまうほどの時間です。その間、人々は、存在する事物を経由してはいても、それらを見ている自分をかえりみるいとまはなく、ひたすら天上の神に心を奪われていたということになります。ヨーロッパを旅行すると、どこの美術館、博物館に行っても、この時代に製作された――異教徒である日本人などはうんざりするほど――数多くの天上の神の世界の秩序をモチーフとした作品が展示されています）。

人間と神との関係が見ることとそのものに基礎をおいて直接的に成立するようになったことを語っているのは、十四世紀のはじめの神学者マイスター・エックハルト（一二六〇ころ―一三二七）のつぎのようなことばです。

わたしが神を見ている目は、神がわたしを見ている、その同じ目である。わたしの目と神の目、それはひとつの目であり、ひとつのまなざしであり、ひとつの認識であり、そしてひとつの愛である。（『エックハルト説教集』田島照久編訳、岩波文庫。強調は原文）

十五世紀なかば――イタリアではもうルネサンスの時代がはじまっていましたが――になると、エックハルトの影響をうけた神学者ニコラウス・クザーヌス（一四〇一―一四六四）が、「あなたを観ることとは、あなたを観ている者をあなたが観て下さることに他ならないのです」と語っています。その直前の文章とともに引用してみます。

主よ、あなたが私を慈愛の眼差しで見つめて下さっているのですから、あなたの観ることとは、私によってあなたが観られること以外の何でありましょうか。あなたは私を観ながら、隠れたる神であるあなたを私によって観させるために、［あなたを私に］贈って下さっているのです。あなたが、自らを観させるようにと贈ってくださらない限り、誰も［あなたを］観ることはできません。あなたを観ることは、あなたを観ている者をあなたが観て下さることに他ならないのです。(『神を観ることについて』八巻和彦訳、岩波文庫)

キリスト教の神は、いかなる意味でも、眼に見(観)える存在ではありません(クザーヌスは、そのことを「隠れたる神」と表現しています)。ですから、エックハルトでは、神を見る「わたしの眼」と、わたしを見ている「神の眼」とが同じひとつの眼であるということ、クザーヌスでは、「あなたを観ることは、あなたを観ている者をあなたが観て下さることに他ならない」ということ、このことは信仰にもとづいていわれていることです。エックハルトとクザーヌスのことばは、つまり、キリスト教の神にたいする信仰が、人間のものを見る眼に直接基礎を置くようになったことを物語っているのです。

このような信仰にもとづく「神の眼」の図像がルネサンスの時代に登場します。二つ例をあげてみます。一つはイタリアの画家ロレンツォ・ロット(一四八〇ころ—一五五六)のもの、もう一つは同じ時代のフランドルの画家ヤン・プロヴォ(一四六五ころ—一五二九)のものです。ロットの「神の眼」はイタリアのベルガモにあるサンタ・マリア・マッジョーレ教会の内陣の聖職者用の椅子の背にいくつも描かれています。図44はそのなかの一つです(一五二〇年代)。アダムの息子であるセツの息子のエノシュは、主の御名によって祈ることをはじめた人である、と旧約聖書に書かれています(『創世記』四・二六)。図はエノシュが自分の子供たちに神(の眼)に祈るよう教えている場面です。図45はプロヴォの「神聖寓意図」(一五〇〇年から一五一〇年頃)です。上方に「神の眼」が描かれており、神の巨大な掌が、太陽と地球と月をつつむ球形の宇宙を支えています。下方にある人間の魂の眼が神の眼を見上げています。

ヤン・プロヴォは第三章でとりあげたドイツの画家デューラーの友人でした。デューラーは一五二〇年から翌年の二一年にかけてフランドル地方を旅行していますが、そのときヤン・プロヴォが住んでいたブリュージュも訪れてかれのもとに滞在しています（一五二一年の四月のことです）。推測にすぎませんが、デューラーはブリュージュ滞在中にこの「神聖寓意図」を見ているかもしれません。かれはまた、宗教改革の口火を切ったマルティン・ルター（一四八三—一五四六）の敬虔な

図44「神の眼」（ロレンツォ・ロット）

図45「神聖寓意図」（ヤン・プロヴォ）

信仰と思想に深い共感と尊敬の念をいだいていました。一五二一年の五月四日に(つまり、ヤン・プロヴォのもとを辞去してすぐのことです)、デューラーは、そのルターが、神聖ローマ皇帝カール五世によって召喚されたヴォルムス国会からの帰途、十人の騎士たちに誘拐されたという知らせをアントワープでうけとります。これは実際は、ルターを保護するためにザクセン選定侯フリードリヒが部下に命じて行なわせたことでしたが、デューラーは知るよしもありませんでした。ローマ教皇側がルター殺害のために誘拐したとばかり思いこんでいたデューラーは五月十七日に「ルター追悼文」を書いています。

ルターを「キリストと真のキリスト信仰の後継者である」と信じるデューラーが書いた「ルター追悼文」における「ローマの司教座」にたいする批判は激しい調子のものです。「人の掟という大きな重しをはめてキリスト者の解放(贖罪)を妨げようと努めた非キリスト教的教皇権」をルターは「キリストの真理のために罰したが故に」命を奪われようとしているのだ、ローマ・カトリック教会の教えは「人が神父と呼ぶ輩の捏造し押し付けた偽りの教え」である、「教皇たち」は「弾圧と貪欲によりまた偽りの聖なる証し」によってキリスト者たちを引き裂いている、ローマ司教座は「放題極まる権力」をふるい、「いつもいつも真理を歪曲する」、ローマ司教座は「地獄の門」である、「今の世の嘘つきどもの汚穢」である、とデューラーはルターの身を案じながら激怒して語っています(『アルブレヒト・デューラー　ネーデルラント旅日記1520-1521』前川誠郎訳、朝日新聞社)。

教皇レオ十世がサン・ピエトロ教会堂建設の資金を集めるために贖宥状(免罪符)を販売し、贖宥状を購入すればすべての罰と罪責から放免されて救われると宣伝していることに抗議して、ルターは一五一七年に「九十五ヶ条の論題」を公表します。ルターのローマ・カトリック教会批判の根底にあったのは、神にたいする信仰のありかたの問題でした。ローマ・カトリック教会の教皇を頂点とする体制が人間と神との直接の関係を遮断しているのにたいして、ルターは、信仰のみによって義とされ、救いにいたることができると主張しました（『キリスト者の自由』）。ルターは、信仰における人間と神との直接のかかわりこそが大切であると説いたのです。イタリアで誕生したルネサンスはアルプスの北では宗教改革の形をとったとよくいわれます。イタリアのルネサンスもアルプスの北の宗教改革も、キリスト教の神にたいする信仰の直接化を基盤として成立しています。デューラーはルネサンスと宗教改革の両者を一身に体現しているドイツ最大の画家であり思想家なのです。デューラーが銅版画を使って説明している、世界の外に位置する固定した一点から世界を見るというルネサンスの時代に成立したパースペクティヴの視座は、キリスト教の神にたいする信仰が、人間のものを見る眼そのものに直接に基礎を置くようになったことによって可能になったのです。

天上に神を仰ぎ見ていた中世の時代とは違って、神にたいする信仰が人間のものを見る眼に直接基礎を置くようになったということの事実を鮮明に示しているのが、第三章でもふれましたが、ルネサンスを告知する絵画であると評される、フィレンツェのサンタ・マリア・ノヴェッラ教会にあるマサッチョ（一四〇一―一四二八または二九）の「三位一体」です（図19）。この絵に描かれている空間は、中世の天上のものではなく、パースペクティヴの視座（画家の見る眼――〈わたし〉――は、世界の外にでて世界の外の一点に固定されています）から見られたこの地上の現実の空間であり、そこに父なる神と子なるキリストと聖霊（鳩）が顕現しているのです。このように三位一体の神が地上の現実の秩序のなかに降り立つのは、地上の現実の空間を見ている画家の眼（〈わたし〉）がそこに三位一体の神を見ているからです。プロヴォの「神聖寓意図」も、気をつけてよく見ると、背景に海や半島がパースペクティヴの視座から見られた光景として描かれており、この地上の現実の空間のなかに神聖なるものが位置づけられているのがわかります。

ルネサンスからさらに時代を下ってバロックの時代（十七世紀はじめから十八世紀なかばにかけて）になりますと、この時代に建造された教会堂の天井や祭壇や塔の尖頭などに、図像化した「神の眼」が飾られるようになります。（特に、ウィーンやプラハなどの反宗教改革運動が盛んだった所ではいたるところに見られます。図46はその一例です）。宗教改革の時代に新教側の勢力拡大に脅威を感じたカトリック勢力は、失地回復のための様々な手段を講じました。トレント公会議（一五四五―一五六三）では、美術を布教の手段にするよう正式に位置づけ、信仰を近代化し、人間的なものにして大衆に解りやすく視覚的に示すという方法をとるようになりました。この運動のなかで、「神の眼」の図像が広まっていきます。イエズス会を中心とする反宗教改革運動が「神の眼」の図像の普及につとめたのは、ルターのカトリック批判の根拠となった人間と神との直接のかかわりをカトリックの側でうけとめ、それに対抗しようとする方策であったということができるでしょう。

人々は、教会に行って、唯一、絶対の超越者である神の眼を見ながら祈りを捧げたのです。神の眼は、祈りを捧げる人々の眼をその眼で見つめることによって、人々を支え勇気づけるのです（神の眼を見つめる人間の眼は、神に見つめられることによって世界から超越することになります）。バロックの時代は、ルネサンスに端を発して、個人の自己が明確に意識されるようになった時代です。「神の眼」は、神を見る人間の眼を神の眼が見ることによって支える（根拠づける）というしかたで個人の自己意識の内部にうけとめられ、定着していったのです。補論の第一章でお話するバロック時代の哲学者デカルトが「ほんのわずかでも疑いをかけうるもの」をすべて退けていって到達した「まったく疑いえぬもの」が、何故、「考える〈わたし〉」の存在でありえたのでしょうか。

図46 「神の眼」（ウィーンのザンクト・ミヒャエル教会の内陣天井）

神が欺くならば、「考える〈わたし〉」の存在も「疑いをかけうるもの」になってしまいます（「考える〈わたし〉」の存在は確実だと神に欺かれて思いこんでいるだけでしょうから）。しかし、デカルトは「神は欺瞞者ではない」（『省察』）と断言しています。デカルトは「精神の眼」でそのことを直観しているのです。

デカルトも、そのような意味で、バロックという時代の子だったということができます。

日本の伝統的な文化についてのべるまえに、キリスト教の「神の眼」についての話を、くり返しになりますが、もう一度整理して確認しておきたいと思います。

マイスター・エックハルトは、人間が神を見る眼は、神が人間を見る眼と同じ眼である、と、またニコラウス・クザーヌスは、人間が神を見ることは、神が人間を見ることにほかならない、と語っています。二人は同じことを語っているのです。人間の眼〈〈わたし〉〉が神を見ようとすると、神の眼が人間〈〈わたし〉〉を見つめます。人間の視線と神の視線とは相互に向き合っており、人間の見る眼〈〈わたし〉〉のところで出会っています。人間の見る眼〈〈わたし〉〉は、「神の眼」に見つめられているという確信（信仰）にもとづいて、見ているわけです。時代をさかのぼってみますと、アウグスティヌスは、人間は神が創造したものを、それらが存在するから見るのであるが、しかしそれらのものは神が見るから存在するのである、と語っています。存在するもの（被造物）が人間〈〈わたし〉〉に見えるのは、それらを神が見るからであるというのです。つまり、見えることの確実性は神の見ることによって保証されているのです。まとめてみますと、人間〈〈わたし〉〉が神を見ると神が人間〈〈わたし〉〉を見る、つまり、見ることにおいて神が人間〈〈わたし〉〉を受けとめ、人間〈〈わたし〉〉に応じてくれるというしかたで、人間と神とは双方向的に見つめ合っています。このようにして、人間の見ることの確実性を神の見ることが保証している、また、存在するものが見えることの確実性を神の見ることが保証しているということになります。見ることにおける人間と神とのこのような関係において、〈わたし〉（人間）と（〈わたし〉が見る、〈わたし〉に見える）自然との関係は、神を媒介として間接的なものとして成立するのです。

では、日本の伝統的な文化のなかでは、キリスト教の「神の眼」に対応する事態はどのようになっているのでしょうか。そのことを考えようとするときに、わたしたちとは別の文脈において語られていることですが、日本の古代における「神の視線」という阿部一の指摘は大変示唆的です（『日本空間の誕生』せりか書房）。

『古事記』の国見の歌には「見れば……見ゆ」という構造がみられます。阿部は、この「見れば……見ゆ」の「見れば」において「見る」のは神（および、神の体現者としての天皇）であるといっています。この「見る」を阿部は「神の視線」とよんでいるのです。

阿部が挙げている例を一つ示します。応神天皇がうたったとされている歌。「千葉《ちば》の　葛野《かづの》を見れば　百千足《ももちだ》る　家庭《やには》も見ゆ　国の秀《ほ》も見ゆ」（『古事記』四二）。そのうえで、「見ゆ」つまり「見える」について、阿部は、「天皇（神）が「見る」ことで、初めて対象が「見える」のである」とのべています。阿部の指摘をいいかえますと、「見れば」の「見る」は神が見ることを意味しており、この「見る」が「見ゆ」（「見える」）を可能にし、その確実性を保証している、ということになります。

このように説明すると、阿部のいう「神の視線」はアウグスティヌスと同じ内容を語っているように思えるかもしれません。しかし、両者は決定的に異なっています。「神の視線」において、存在するものは神（および、神の体現者としての天皇）によって創造されたのではなく、神が「見る」

ことによって、「見ゆ」といわれているにすぎないからです。さらに、「神の視線」では、神が「見る」ことによって、神にまず「見ゆ」といわれているのです。それはまた、神以外の人間に「見ゆ」のは、神が「見る」からであるということでもあります。つまり、こういうことになります。神が存在するものを見る。神自身にそれらのものが見える。その神に与って神以外の人間にそれらのものが見える。

阿部のいう「神の視線」においては、キリスト教の「神の眼」の場合とは違って、神(および天皇)は人間を直接に見てはいません。人間も神を直接には見ていません。神と人間の視線は、存在するものに、いわば並行的に向かっており、そのような関係のなかで「神の視線」が人間の見る眼(視線)の確実性を保証しているのです。キリスト教の「神の眼」においては、神は人間を直接に見つめており、人間も神を直接に見つめるというように、神と人間との関係は直接的であり、人間と自然との関係は神を経由することによって間接的なものとなりました。阿部の「神の視線」においては、直接的なのは人間と自然との関係のほうであり、人間と神との関係は自然を経由することによって間接的なものになります(第四章で小津安二郎の『東京物語』という映画の話をしたのを覚えておられるでしょうか。老夫婦が二人並んで腰を下ろして海を眺めながらしみじみと会話を交わすという場面です。そのとき、二人の〈わたし〉は大自然のなかに溶けこんでいるとのべました。西洋の正視する文化の根底には、人間が神を見つめると神が人間を見つめかえすという人間と神のかかわりかたが存在し、日本の正視しない文化の根底にはここでのべたような人間と神とのかかわりかたが存在しています。祭りの神輿をかつぐとき、人間と人間は――正視しあうのではなく

――身をすりよせて押しあい圧《へ》しあいします。そこに日本の神々が顕現するのです）。

ところで、「神の視線」において、「見ゆ」（「見える」）のなかのどこかに、見る〈わたし〉がいるわけですが、その〈わたし〉はどのようなありかたをしているでしょうか。さきほど、存在するものを神が見る、すると神にそれらのものが見える、その神に与って人間（〈わたし〉）にそれらのものが見える、といいました。「与って」ということばを使ったのは、神は人間（〈わたし〉）のほうを向いているのではなく、存在するもの（自然）のほうを向いているからです。神は存在するもの（自然）のほうを向いており、人間（〈わたし〉）も存在するもの（自然）のほうを向いています。人間（〈わたし〉）は、存在するもの（自然）が神に見えることによって、それらを見ることができるのです（見えることが可能になるのです）。そのような「見ゆ」のなかのどこかに、見る〈わたし〉がいます。するとこういうことになります。すなわち、見る〈わたし〉の存在は、神の（「見れば」の）「見る」に支えられているのですが、その支えられかたは、神の「見る」によって「見ゆ」自然によって支えられているということになります。このようなしかたで、見る〈わたし〉は自然のなかに支えを得ているわけです。

「見れば……見ゆ」における「見れば」（つまり、「見る」という「神の視線」）は、やがて表現から消えていきます。あとには「見ゆ」だけが残ります（「見ゆ」のほうが消えて、「見れば」だけが残る例もあります）。しかし、「見る」という「神の視線」は表現から消えただけであって、「見ゆ」のなかに内在化し、残り続けるのです（キリスト教の伝統においては、神は絶対的な超越者であり、神と人間との関係は断絶していますが、日本には古代から現代にいたるまで神人合一の心性が存在します。日本の伝統において一貫して見られる、神が超越するのではなく、内在するというのは、神と人とが合一するという心性に発するものです)。「神の視線」が内在化した「見ゆ」(「見える」)というのは、いいかえますと、「見ゆ」のなかに日本の神が遍在するということです(「見ゆ」のほうが消えて、「見れば」だけが残っている場合は、人間が神と同化したといえるでしょう)。ですから、そのような「見ゆ」には、現代人には想像しがたいような特別な意味が込められていたはずです。

このような観点に立って、佐竹昭広の「「見ゆ」の世界」(『万葉集抜書』岩波現代文庫)を読みますと、とても興味深い事実が明らかになります。佐竹は、『万葉集』のなかに「見ゆ」という言葉の使用がきわだって多いという事実に注目し、「見ゆ」という語の背後にあった古代の意味の世界を探求しています。探求の結果、佐竹は、「見ゆ」は「存在を視覚によって把握する古代的思考」の表現である、と結論づけています。佐竹は、「見ゆ」の意味は、「見えて来る作用ではなく、見えるという状態である」といいます。「存在ということは本質的に見ることを前提にする」のであり、古代語「見ゆ」の背後には、「存在を視覚によって把捉した古代的思考がなお強く働いていたと認められる」と佐竹は語っているのです。

さらに、佐竹は、つぎのような注目すべきことをのべています。引用してみます。

印南野《いなみの》は行き過ぎぬらし天伝ふ日笠の浦に波立てり見ゆ(巻七、一一七八)
朝霧にしののに濡れて呼子鳥三船の山ゆ鳴き渡る見ゆ(巻十、一八三一)

作者の意識の底には、一つの状景を詠ずるに当っても、敢て、「見ゆ」と述べざるを得ない強い欲求があった。動作の進行を「見ゆ」で表現しなければおさまらない潜在的な何かがあった。「強い欲求」「潜在的な何か」が、存在を見えるすがたにおいて描写的に把捉しようとする古代の心性であることは、もはや繰りかえすまでもない。

佐竹が、「敢て、「見ゆ」と述べざるを得ない強い欲求があった。動作の進行を「見ゆ」で表現しなければおさまらない潜在的な何かがあった」と語っているのは、つぎのような事情を指します。すなわち、引用文のなかの二つの歌において、「波立てり」の「立てり」も、「鳴き渡る」の「渡る」も、ともに終止形です。ですから、文はここで(「波が立っている」、「鳴き渡っている」と)終わっているのです。にもかかわらず、その後に、さらに、「波が立っている見える」、「鳴き渡っている見える」と「見ゆ」がつけ加えられているというのです。

念のためにいいますと、「波が立っているのが見える」であるならば、「波立てり」の箇所は「立てり」という終止形ではなく「立てる」と連体形でなければなりません。「鳴き渡る」の「渡る」は、終止形も連体形も「渡る」ですが、佐竹が証明しているように、ここでは終止形なのです。佐竹は、「後世の目から見れば、歌としてはわざわざ「見ゆ」を用いる必要のないような場合にも、好んで「見ゆ」を使う」とものべています。文は「波立てり」、「鳴き渡る」で終わっているのに、「わざわざ」、さらに念を押すように「見ゆ」をつけくわえる。そこに潜む「強い欲求」、それだけではおさまらない「潜在的な何か」、それを佐竹は、「存在を見えるすがたにおいて描写的に把捉しようとする古代の心性である」といっているのです。

佐竹のいうように、『古今集』になると、「見ゆ」の直前にこのような動詞がくる場合には、動詞は連体形（「波立てる見ゆ」）になっていますし、「見ゆ」そのものが、急激に衰退していきます。佐竹は、その「決定的要因」は、「存在を視覚によって把握する古代的思考の後退」にある、といいます。

佐竹の結論は「見ゆ」（「見える」）を、たんなる視覚とうけとめることによって成立しています。そのうえで、「存在を視覚によって把握する」のが「古代的思考」の特徴であり、そのような思考が「後退」した、といっているのです。しかし、「見ゆ」には、第二章でのべましたように、視覚の「見える」と、視覚を超えるもう一つの「見える」があります。たとえば、「見ている」（視覚しつつある）自分が「見える」というときの「見える」は、もはやたんなる視覚の「見える」ではないのです。このもう一つの「見える」が、存在が「見える」（存在を「見る」）眼です。人は、視覚的に「見える」自然（自然という統一されたものは古代には存在しなかったでしょうが、山川草木のことをこうよんでおきます）を見ている〈わたし〉を、もう一つの眼で「見る」ことによって、つまり、視覚しつつある自分（〈わたし〉）が「見える」ことによって、自分（〈わたし〉）の存在を知り、また、その〈わたし〉に「見える」自然の存在を知るのです。この場合、自然の存在と自分（〈わたし〉）の存在とは不可分です。

『万葉集』にきわだって多く使用されている「見ゆ」が、さきほどのべたような、「見れば……見ゆ」の「見れば」（「神の視線」）が内在している「見ゆ」であるとすれば、事態は佐竹の見解とは異なったしかたで解釈することができます（佐竹は言及していませんが、『万葉集』には、「見ゆ」を使用する代わりに、「見れば」という「神の視線」のほうに同化して詠まれている歌も多く存在します。これも「見ゆ」を付加する詠じかたの変型とみなすことができるでしょう）。

佐竹は、さきほどの引用文のなかで、「作者の意識の底には、一つの状景を詠ずるに当たっても、敢て、「見ゆ」と述べざるを得ない強い欲求があった。動作の進行を「見ゆ」で表現しなければおさまらない潜在的な何かがあった」と語っています。しかし、その「強い欲求」、「潜在的な何か」は、佐竹がいうように、「存在を視覚によって把握する古代的思考」にもとづく「存在を見えるすがたにおいて描写的に把握しようとする」古代の心性であるというだけでは不十分なように思われます。むしろ、「存在を見えるすがたにおいて描写的に把握しようとする」ときに、「見ゆ」とのべることによって、「見れば」という「神の視線」の内在を確認する、あるいは、「見ゆ」のなかに遍在する神々の存在を確認する、そうすることによって、見える自然＝「見ゆ」のなかにいる、見る〈わたし〉のやすらぎと安定を得ようとした古代日本人の心性だったのではないでしょうか。

そのような「見ゆ」の使用はやがて急激に衰退していきます。衰退していった理由は、佐竹がいうように、「存在を視覚によって把握する古代的思考の後退」にではなく、別のところにあるように思われます。その理由は、「一つの状景を詠ずる」とき、『万葉集』の作者が、わざわざ「見ゆ」とのべることによって行なった確認を、「作者の意識の底」で、「状景を詠ずる」行為そのものにおいて行なうように変わっていったということにあるのではないでしょうか。いいかえますと、今度は、「見ゆ」が「状景を詠ずる」行為そのもののなかに内在化することによって表現から消えていったということになります。万葉の時代から現代にいたるまで、「状景を詠ずる」ことによって作者の心境を表現するというやりかたは日本の文芸の様々な領域で行なわれ続けていますが、そのようにして、詠じられる「状景」そのもののなかに、古代の心性は現代にまで生き続けているのです。

最後に、そのような例の一つとして日本の俳句についてお話しておきたいと思います。現在、俳句をつくる日本人は数多く、短詩型文学としての俳諧は大いに隆盛を誇っているようです。いまから六十年ほど前のことになりますが、日本が太平洋戦争に敗れた直後に、桑原武夫は俳句を「第二芸術」(第一級の芸術ではないという意味です)とよんで論争のきっかけになりました(桑原武夫「第二芸術──現代俳句について」『第二芸術』講談社学術文庫)。強制された国粋主義が猛威をふるった十五年戦争が敗戦で終わり、その反省ないしは反動として、日本の伝統文化を再検討しようという動きが広まりました。桑原の発言はそのような時代風潮のなかでなされたものです。

桑原は、そもそも日本の明治以来の文学は「作家の思想的社会的無自覚」が顕著であって、俳諧はその典型である、といっています。桑原にとって、思想的社会的にものを見る作家の眼は重要であり、日本の作家はその眼を欠如している、欠如している自覚もない、というのです。なぜ俳諧がその典型であるのかといいますと、俳諧がまさにそのような無自覚な眼そのものによって成立しているからです。桑原はいっています。「俳句の自然観察を何か自然科学への手引きのごとく考えている人もあるが、それは近代科学の性格を全く知らないからである。自然または人間社会にひそむ法則性のごときものを忘れ、これをただスナップ・ショット的にとらえんとする俳諧精神と今日の科学精神ほど背反するものはないのである」と。

桑原は「科学精神」を「スナップ・ショット的にとらえんとする俳諧精神」と対比させています。あるものごとをスナップ・ショット的にとらえるというのは、他のものごととは無関係にそのものごとだけを断片化してとらえるということです。いいかえますと、あるものごとを他のものごとと関連づけることなく非連続なしかたで見るという見かたです。このような見かたは、まさに桂離宮の庭園のなかに設定されている視点と同質のものです。科学精神というのはフランス庭園のもつ連続する視点にもとづいて成立するものであり、スナップ・ショット的な俳諧精神の視点とは対照的なのです。桑原武夫は自他ともに認める近代主義者の一人ですが、受容した近代的世界観に立脚しながら日本の伝統的な世界観を批判しているのです。

俳諧精神は、桑原がいうように、自然を「スナップ・ショット的にとらえよう」とするものです。大自然のなかのごく狭い情景にスポットライトをあてるようにしてわずか十七文字のことばで表現するわけです。ごく狭い情景を短いことばで表現することによって、表現された情景は、それをとりかこむ大自然によってつつまれることになります。十七文字のことばは、ごく狭い情景をスナップ・ショット的にとらえることによって、それをとりかこむ大自然を喚起する働きをするのです。俳諧精神はこのようにして自然のなかにつつまれ、溶けこもうとする精神です。科学精神とは対照的なのです。第三章ですでにお話しましたし、補論の第一章でまたお話しますように、科学精神は自然の外にでて、外から自然の全体を対象として見わたす精神です。桑原のいうとおり俳諧精神と科学精神とはたしかに「背反するもの」です。だから桑原は俳諧精神ではだめだというのですが、むしろ俳諧精神だけではだめだというべきではないでしょうか。何故ならば、桑原がいうのは、仏像ではだめだ、西洋彫刻でなければならない（あるいは、日本画ではだめだ、西洋画でなければならない、桂離宮ではだめだ、ヴェルサイユ宮殿でなければならない、などなど）というのとおなじことだからです。俳諧精神とはそのようなものであり、科学精神とは違うものであると自覚して俳句を楽しめばよいのです。俳諧精神は古代から続く日本人の心性に根ざすものであり、科学精神を体得するためには、俳諧精神を否定することによってではなく、また別の方途を見いだすべきではないでしょうか。

補論　デカルトと西田幾多郎

第一章　〈わたし〉は世界の外に確固不動の一点として存在する——デカルト

ルネ・デカルト（一五九六—一六五〇）は、十七世紀の、つまり、本文第一章でお話ししましたヴェルサイユ宮殿の庭園ができた（そして、桂離宮の庭園がつくられた）のと同じ時代の、また、第六章でお話しました宮本武蔵、柳生宗矩、沢庵と同じ時代のフランス人の哲学者です。今から三百五十年以上も昔の西欧の哲学者ですが、現在のわたしたちと決して無関係ではありません。何故なら、その思想は明治以降の現在のわたしたち日本人のなかにも生き続けているからです。

例えば、太陽を見ていると、感覚的には太陽がこの地球のまわりを回っているように見えます。しかし、真実は地球のほうが太陽のまわりを回っているのだということをわたしたちは知識として知っています。感覚的にどのように見えようとも、知識のほうに信頼をおくこのような基本的態度を確立したのが哲学者デカルトなのです。

現在の日本の医学は輸入された西洋医学が主流です。西洋医学の輸入にかんしては、十八世紀の後半に、前野良沢や杉田玄白たちがオランダ語で書かれた解剖学の本を翻訳して『解体新書』という書名で出版したのはよく知られています。西洋医学では、例えば、足の骨を折ると、外科で折れた骨をつないでギプスで固定します。複雑骨折の場合には、切り開いて使えなくなった細かい骨をとり除き、足りなくなった長さの分だけ人工の素材でできた骨の代用品を両端をボルトかなにかで骨に固定して縫い合わせるわけです。そして抜糸がすめば完了です。

もう少し例をあげてみましょう。臓器移植で、例えば、腎臓が機能しなくなった人には別の人の健康な腎臓を移植します。これは腎臓という臓器を身体という機械組織の一部品とみなして部品交換を行なっているのです。脳死問題はこの部品交換の必要から生まれました。人間の死をこれまでのように心臓死としたままでは、心臓が停止してはじめて死とみなすわけですから、血液の循環はすでに止まっており、臓器の細胞はすぐに死滅しはじめます。臓器移植のためにはできるだけ新鮮な臓器が必要です。脳死を人間の死と認めれば、心臓はまだ動いているわけですから、臓器は生きたままの状態にあるわけです。それをとりだして交換用の新鮮な部品として使おうというのが臓器移植です。

デカルトは、人間の身体にたいするこのような見かた、すなわち人間の身体は精密な機械仕掛け（時計以上に精密に、とデカルトはいいました。当時のもっとも精密な機械は時計だったのです。現代では、ロボット以上に精密に、というほうがわかりやすいでしょうか）でできているとみなす見かた（身体観）を基礎づけた哲学者です。身体ばかりではありません。自然や物体の世界にたいする見かた（自然観）も同様です。英語やフランス語やドイツ語などでは、身体と物体を同一の言葉で（英語ならば body で）表現します。身体は物体なのです。人間の身体をふくめて物体の世界が全体として機械的なしくみでできているという見かた（機械論的自然観）を確立したのが十七世紀のデカルトです。

世界を全体として見るという見かたが成立するためには、世界の外にでて、世界を外から見る必要があります。デカルトはこのように世界の外にでて、世界を外から見る視点を確立しました。デカルトが人間の身体をふくめて物体の世界を全体として機械的なしくみでできているとみなす見かたを確立したということは、世界の外にでて、世界を外から見るような視点を確立したということを意味します。自己の身体をふくめて世界からみずからを切り離し世界の外にでた視点から見るときに、世界は機械的なしくみでできていると見えるのです。本文第三章でルネサンスのパースペクティヴの視座についてお話しましたが、あの視座、すなわち、固定した一点に立って世界をその外から見る視座、をデカルトは自覚的に、ということは、包括的に確立したということができます。

デカルトの「〈わたし〉は考える、ゆえに〈わたし〉はある」という命題はよく知られています。この命題は、〈わたし〉が考えている、ということと、〈わたし〉がある（存在する）ということは確実で疑いえない、いいかえますと、「考えるときに、〈わたし〉」の存在は確実であり疑いえない、ということを意味します。この命題の「〈わたし〉は考える」と「〈わたし〉はある」とを結ぶ「ゆえに」という語は、推論を表現するものではなく、直観を表現するものである、とデカルトはのべています。「〈わたし〉は考える」ということが、すなわち「〈わたし〉はある」ことであるという、このことは「ゆえに」という直観によって保証されるというのです。デカルトは「直観」を「自然の光」ないしは「理性の光」ともよんでいます。つまり、直観によって保証されるというのは、「自然の光」ないしは「理性の光」に照明されて確実であるということです。「自然」も「理性」も神によって創造されたものであり、その「光」は神によって与えられた人間の認識作用なのです。この確実性の保証をデカルトはまた、神は誠実だ（欺瞞者ではない）からというういいかたをしていますが、神が誠実であるという信仰は「ゆえに」というこの語のなかにも込められているわけです（このようにデカルトの「〈わたし〉は考える、ゆえに〈わたし〉はある」という命題は、キリスト教の神の信仰がなければ生まれなかったものです）。

ところでデカルトは何故このようなことをわざわざいったのでしょうか。つまり、「〈わたし〉は考える、ゆえに〈わたし〉はある」というのは、どのようなことを意味しているのでしょうか。そのことを理解するには、デカルトという哲学者の個人的な資質はもちろんあるわけですが、デカルトが生きた時代をまず知る必要があります。

中世においては、神が創造したこの宇宙は、有限な閉じた空間としてイメージされていました。不動の地球がその中心に位置し、そのまわりを太陽が運行し、さらに恒星天がとりまいている、その上の天上界には神や天使たちが住んでいる、これが中世の宇宙観だったのです。中世の人たちは、不動の地球を中心とする被造物としての宇宙のこのような閉じた秩序のなかで天上の神をみつめながら生の安定をえていました。しかし地動説の登場とともにこのような宇宙観は崩壊します。人間は、宇宙が無限の暗黒の空間であり、そのなかを地球はあてもなくさまよっているということを知りました。無限の宇宙の暗闇のなかに投げだされた人間は、地球とともに安定した中心を失って、確かな拠り所を失ったのです。デカルトよりも少し年下のパスカルは、「この無限の空間の永遠の沈黙は〈わたし〉を恐怖させる」と語っています（『パスカル』世界の名著24、中央公論社）。「人間は考える葦である」という有名なかれの言葉もこのような認識から生まれています。人間は葦のように自然のなかで最も弱い存在にすぎない、しかし、人間は考える葦である、とパスカルはいうのです。「彼をおしつぶすために、宇宙全体が武装するには及ばない。……だが、たとえ宇宙が彼をおしつぶしても、人間は彼を殺すものよりも尊いだろう。なぜなら、彼は自分が死ぬことと、宇宙の自分に対する優勢とを知っているからである。宇宙は何も知らない。だから、われわれの尊厳のすべては、考えることのなかにある」と（同書）。

「この宇宙には真に不動の点はどこにも見出せない」とデカルトはいっています。宇宙に不動の点がどこにも存在しないのであれば人間がそれを定めなければならない、これがデカルトの意図したことだったのです（有限な閉じた宇宙のさらに上方の天上界に神が住むという中世の宇宙観は崩壊したわけですから、デカルトの神とのかかわりかたは、第八章でのべましたように、中世の人たちとは当然違ってくるのです）。

デカルトが生きた時代は、人間精神が一大転換をとげようとする時代でした。それは根底においては宇宙観の変貌と、そのことによって生じたキリスト教の神の変容によってひきおこされたということができます。「学問においていつか堅固でゆるぎのないものをうちたてようと欲するなら、一生に一度は、すべてを根こそぎくつがえし、最初の土台から新たにはじめなくてはならない」とデカルトは『省察』の冒頭でのべています。人間の知識の確実性は根底のところで動揺していたのです。

デカルトの「〈わたし〉は考える、ゆえに〈わたし〉はある」という命題の〈わたし〉とは何か、内外のデカルト研究において必ずしも適切な解釈がなされているようには思われませんので（哲学の歴史を形成してきた哲学者たちは違います。もちろん例外はありますが、研究者たちが適切な解釈ができないのは、デカルトの思想を対象として考察しているにすぎず、対象として考察するときの拠点を確立したのが他ならぬデカルトであるということに気づかないからです）、『省察』を中心にしてやや詳しく考察しておきたいと思います。翻訳は『デカルト』（世界の名著22、中央公論社）によります。

堅固でゆるぎのないものをうちたてるためにデカルトが行なったのは、すべてを根こそぎくつがえす作業でした。自分の精神が年少のころに受け入れてきたもの、また、その後に、それらのうえに築きあげてきたものは、すべてが不確実なものであるというのです。デカルトは、そのために、ほんの少しでも疑いをかけうるものは、すべて絶対的に誤ったものとして捨て去ろうと決意します（これは、もちろん認識にかかわることがらにかんしてです。行動にかかわることがら、つまり実生活においてこのようなことを行なえば生きてはいけません）。この懐疑は、さしあたり、あらゆる先入見から精神を解放することを意味していますが、先入見は直接に感覚から受けとったものであるか、あるいは間接に、感覚を介して受けとったものですから、結局のところ、感覚そのものから精神を解放することをめざすことになります。

感覚はときとして誤るものである、一度でも欺いたことのあるものには、全幅の信頼を寄せることはできない、デカルトは、そう考えました。こうして感覚は排除されます。この感覚は、外の世界を感じとる外部感覚です。では、この身体はどうか。ここでデカルトは夢をもちだすのです。

〈わたし〉が、いま、ここに、こうして坐っている、このことは、確かなことのように思えます。しかし、夢のなかでも、そう感じることはありうる。厳密に考えてみると、覚醒と睡眠とを区別しうる確かなしるしはまったくない。人生は、覚醒していると思って見ている夢にすぎないのかもしれない、とデカルトはいうのです。このようにして身体の感覚（内部感覚）もすべて排除されます。

外部感覚と内部感覚を排除することによって精神（精神の精神たるゆえんは考えることにあるわけですが）を物体から引き離す作業は一応の完成をみることになります。この精神についてデカルトは、精神は身体（物体）とともに滅びるのではない、〈わたし〉は人間に来世の希望を与えることをめざしているのだ、とさえいっています。精神を感覚から引き離すという作業にはデカルトのこのような意図もあったのです。

懐疑というのは、疑わしいと考える行為のことです。例えば、遠くの塔が円く（円い塔に）見える、しかし近寄ってみると、四角（四角の塔）であったという場合に、デカルトは感覚はときとして欺くから疑わしいと考えるわけです。つまり、デカルトは、ある内容（円く見えるという感覚）を考えるときにそれが疑わしいと考えることによって、考えられる内容と考えること（疑わしいと考えること）を懐疑において明確に区別しようと試みていることになります。

デカルトの懐疑はさらに続きます。外部感覚と内部感覚とによって感覚されるものは懐疑に耐えないものとして排除されました。そのことによって、外的事物の世界の存在や自分自身の身体の存在は疑いをかけうるものとして否定されました。では、数学的真理はどうか、例えば、2に3を加えると5であり、四角形は4つの辺をもつということは、感覚的事物の存在に依存しない、明証的に直観される真理であり、確実で疑いえないものです。そのような真理にたいしてもデカルトは懐疑を向けます。するとどうなるでしょうか。考えられる内容、これは数学的真理であり疑いえない確実なものですから、その事実を疑おうとすれば、懐疑は、そう考えている自分自身のほうに向かわざるをえなくなります。そこで、デカルトの懐疑は、考えられる内容から転じて、考える〈わたし〉自身の方向に転換することになるのです。

さきほど、デカルトは懐疑において、考えられる内容と考えることを明確に区別しようと試みている、といいましたが、数学的真理に懐疑が向けられることによって、両者の区別と分離が明確になるのです。つまり、〈わたし〉が2に3を加えるたびごとに、あるいは、〈わたし〉が四角形の辺を数えるたびごとに誤るように神が〈わたし〉を仕向けているのかもしれない、というのです（明証的に直観することを誤らせるのは神にとってはたやすいことであるとデカルトはいいます。逆のいいかたをしますと、このことは、2に3を加えると5であり、四角形は4つの辺をもつという真理の確実性は神によって保証される必要があるということになります）。

デカルトはさしあたりこの問題を保留します（この問題の解決は、先になって第三省察と第五省察のなかで、誠実な——つまり、神は〈わたし〉を欺くことはないという、そのような——神の存在を証明することによって行なわれます）。さしあたり神の問題を保留したわけですから、数学的真理の確実性も失われることになりました。すると、「かつて真であると思ったもののうちには、それについて疑うことのゆるされないようなものは何もない」ということになります。

神の問題を保留することによって数学的真理の確実性は失われましたが、数学的真理に懐疑を向けることによってデカルトが発見したことがあります。それは、考えている〈わたし〉を〈わたし〉が疑うという事態、つまり、〈わたし〉が〈わたし〉自身について考えるという事態です。つまり、〈わたし〉が二重化するのです。デカルトの懐疑の焦点は、いま、二重化したこの〈わたし〉にありますす。そこに登場するのが「このうえなく有能で狡猾な悪い霊」です。

この「このうえなく有能で狡猾な悪い霊」が、あらゆる策をこらして、〈わたし〉を誤らせようとしているのだ、とデカルトは考えます。天も、空気も、地も、色も、形も、音も、その他いっさいの外的事物も、また、この身体、手も、眼も、およそいかなる感覚器官も存在していると、この悪い霊の計略によって、誤って思いこんでいるのだと考えたのです。一方でこのような欺き手を想定しながら、他方で、いま、自分は「かつて真であると思ったもののうちには、それについて疑うことのゆるされないようなものは何もない」と考えている、そのように考えている〈わたし〉にデカルトは注目します。

これまでの懐疑は、感覚する〈わたし〉にたいする懐疑でした。しかし、いまは、感覚する〈わたし〉について考えている〈わたし〉の存在の確実性の問題です（後で明らかになるように、それは、感覚する〈わたし〉を感覚する〈わたし〉、あるいは、一般化すれば、意識する〈わたし〉を意識する〈わたし〉ということでもあります）。その経緯をのべますと、〈わたし〉は、疑う余地が少しもないようなものは何もない、と考えているが、そのことをいったいどこから知るのであろうか、とデカルトは反省します。そういう考えの作者は、神でも、神のような全能者でもなく、他ならぬ〈わたし〉である。そうであれば、〈わたし〉は何ものかであるはずではないか。けれども、

〈わたし〉は、この世界にはまったく何もない、天もなく、地もなく、精神もなく、物体（身体）もないと、〈わたし〉に説得したのである。そうであれば、〈わたし〉もないと、説得したということになるではないか。

そうではない、とデカルトはいいます。「〈わたし〉が〈わたし〉に何かを説得したのであれば、〈わたし〉は確かに存在した」はずだからです。さきほどの「きわめて有能で、きわめて狡猾な霊（欺き手）」がいて、いつも〈わたし〉を欺いているとするならば、やはり、疑いもなく〈わたし〉は存在するのである、とデカルトは結論します。ですから、〈わたし〉が〈わたし〉を何ものかであると考えている間は、どのような欺き手であろうと〈わたし〉を何ものでもないようにすることは決してできないであろう、とデカルトは断言するのです。

何故そういうことができるのでしょうか。それは〈わたし〉が二重化しているからです。〈わたし〉が〈わたし〉を何ものかであると考えている、あるいは、〈わたし〉が〈わたし〉に〈わたし〉もないと説得した、のであれば、主語（主体）の〈わたし〉は、目的語（直接目的語、間接目的語）の様態の如何にかかわらず、確かに存在しているのです。「きわめて有能で、きわめて狡猾な霊（欺き手）」というのも、（第一省察の終わりで）デカルトの〈わたし〉が、想定したものでした。引用してみますと、「そこで〈わたし〉は……ある悪い霊が、しかも、このうえなく有能で狡猾な霊が、あらゆる策をこらして、〈わたし〉を誤らせようとしているのだ、と想定してみよう」と書かれています。〈わたし〉がこの霊を想定したのであれば、〈わたし〉はこの霊にたいして特権的な立場に立っています。この霊はそれを想定した〈わたし〉にたいして、そもそも対抗できる力をもってはいないのです。この霊が、いかなる策をこらして、〈わたし〉（目的語の〈わたし〉）を欺こうとも、二重化して主語（主体）の位置に存在する〈わたし〉のほうを欺くことはできません。たとえ〈わたし〉が欺かれたとしても、欺かれる〈わたし〉（目的語の〈わたし〉）を精神の目で見ている主語（主体）の〈わたし〉は確かに存在するということです。

〈わたし〉が二重化し、主体（主語）の位置に立つ〈わたし〉の存在の確実性は疑いえない、このことを表明しているのが、「〈わたし〉私は考える、ゆえに〈わたし〉はある」という命題です。「考える〈わたし〉」の存在は明証的に確実である、とデカルトはいうのです。しかし、すでにのべたことですが、このような明証性は神によって保証される必要があります。神はその気になりさえすれば、〈わたし〉が明証的に真実であると思うことがらにおいてすら〈わたし〉を誤らせるのはたやすいことだからです。また、「考える〈わたし〉」の存在の確実性は、〈わたし〉が考えることをやめてしまうならば、その瞬間に〈わたし〉は存在することをやめてしまうということでもあります。〈わたし〉の存在は各瞬間ごとに神に依存しているのです。こうしてデカルトは、ここでは省略しますが、神の存在を、しかも誠実な神の存在を証明する必要があったのです。

ところで、デカルトにおける「考える」すなわち「思考」というのは、どのようなことを意味するのでしょうか。つぎにそのことを見てみましょう。まずデカルトの思考の定義について『哲学の原理』から引用してみます。

〈わたし〉は、思考という語で、意識しているわれわれにとって、われわれのうちに生起する働き、しかもその意識がわれわれのなかにあるかぎりの働き、のすべてを意味する。したがって、理解すること、意志すること、想像することばかりではなく、感覚することもここでは思考することと同じである。（『哲学の原理』第一部九節、『デカルト』世界の名著22、中央公論社。訳文は一部変更してあります）

引用文の最後でデカルトは、感覚することは思考することと同じである、とのべています。感覚は疑わしいものとして排除されたのではなかったのでしょうか。どういうことなのでしょうか。

引用文にすぐ続けてデカルトはのべています。「〈わたし〉は見る、あるいは、歩く、ゆえに〈わたし〉はある」というとき、この「見る」や「歩く」が、たんなる視覚や歩行を意味するのであれば、この命題の結論、「ゆえに〈わたし〉はある」は、絶対的に確実であるとはいえない。しかし、この「見る」や「歩く」が、〈わたし〉が見たり歩いたりする感覚そのもの、あるいは、そういう意識のことを意味しているのであれば、この結論はまったく確実である。何故ならば、自分が見たり歩いたりするのを感覚する、ないしは、意識するのは、精神にのみかかわることであり、精神が感覚する（意識する）というのは、すなわち、思考することだからである、と。

デカルトによれば、たんなる視覚の意味における「見る」は、意識があって何かを見ている、つまり、見えている対象（例えば、遠くに見える円い塔）の意識にすぎない（同様に、「歩く」が、たんなる歩行を意味するのであれば、意識があって歩いているにすぎない）、ということであり、そのとき〈わたし〉が確実に存在するかどうかははっきりしないということです。それにたいして、見たり歩いたりする感覚や意識を意味するというのは、意識があって見る〈わたし〉を感覚し意識する（同様に、意識があって歩く〈わたし〉を感覚し意識する）ということであり、この〈わたし〉の感覚や意識は、〈わたし〉自身についての感覚や意識、すなわち、自己意識（〈わたし〉が〈わたし〉を意識する）を指しています。自己意識の存在によって、見ている〈わたし〉、歩いている〈わたし〉は確実に存在するということです（意識は、意識されるものと意識するもの、つまり、意識される対象と意識する主体という二重の構造をもっています。この二重の構造のなかで、意志することによって対象の意識と主体の意識は反転します。〈わたし〉の二重化というのは、意識される対象が〈わたし〉であり、意識する主体が〈わたし〉であるということです）。

『ビュルマンとの対話』のなかにデカルトがつぎのように語っている箇所があります。すなわち、「意識があること、それは……思考することと自分の思考について反省することである」。われわれは、「自分の思考を反省する」ことによって、思考しつつある「自分の思考について意識することができる」と（『デカルト著作集』第四巻、白水社）。意識があって思考するとき、その意識は反転する、つまり反省することができるのです。

さきほどのデカルトの思考の定義の引用文にもどってみましょう。「〈わたし〉は見る、あるいは、歩く、ゆえに〈わたし〉はある」という命題において、「見る」がたんなる視覚を、「歩く」がたんなる歩行を意味するという場合は、意識があって見ている、あるいは、歩いているということであり、この「見る」や「歩く」は「意識しているわれわれにとって、われわれのうちに生起する働き」に該当します。「しかも」以下の「その意識がわれわれのなかにあるかぎりの働き」という箇所の

「その意識」というのは、「意識しているわれわれにとって、われわれのうちに生起する働き」の「意識」を意味します。つまり、「〈わたし〉が見る」ことの意識（感覚）（あるいは、「〈わたし〉が歩く」ことの意識（感覚））のことであり、意識があって見ている〈わたし〉の意識、意識があって歩いている〈わたし〉の意識、すなわち〈わたし〉という自己の意識が存在するときに、意識のなかにある働きのすべてを思考とよぶ、とデカルトはいっているのです。デカルトの思考には、意識のなかに生起するすべての働きに自己意識が伴っていなければならないということです。デカルトの「考える〈わたし〉」というのは、〈わたし〉自身を意識する〈わたし〉のことであり、「理解する〈わたし〉」、「意志する〈わたし〉」、「想像する〈わたし〉」、「感覚する〈わたし〉」を〈わたし〉が意識するときに、理解すること、意志すること、想像すること、感覚することは、思考することと同じである、というのです。

「考える〈わたし〉」の存在が確実であるというのは、対象の意識（意識される内容）が偽りであるときでも、意識している自己を意識する〈わたし〉の存在そのものは絶対的な確実性をもつということを意味します。デカルトは第二省察のなかでも、感覚することが思考することと同じであると語っています。その箇所もついでに見ておきましょう。

デカルトはいっています。「〈わたし〉は光を見、騒音を聞き、熱を感じる」。このような感覚器官を介して認めるものは疑わしい。しかし、「〈わたし〉に見えると思われ、聞こえると思われ、熱を感じると思われる。このことは虚偽ではありえない。これこそ本来、〈わたし〉において感覚するとよばれるところのものである。このように厳密に解するならば、これは、思考することにほかならないのである」。

デカルトが「感覚する」という語にこめている本来の意味は、ここでは「思われる」(videor 見える、の意)と表現されています。「〈わたし〉に見えると思われ、聞こえると思われ、熱を感じると思われる」と訳した文章はもとの意味に忠実に訳せば、「〈わたし〉に、〈わたし〉が見るが見える、聞くが見える、熱を感じるが見える」ということになります。最初の「見る」、「聞く」、「熱を感じる」は、感覚器官を介して経験される対象の意識を、第二の「見える」は、その経験が、デカルト流にいえば、精神の眼に見えることを表現しています。「〈わたし〉が見る」、「〈わたし〉が聞く」、「〈わたし〉が熱を感じる」、それが精神の眼に見えるというのは、〈わたし〉が〈わたし〉自身を意識することにほかなりません。こうして感覚することは思考することと同じなのです。

人間におけるこのような自己意識の絶対的確実性を確立しようとした哲学者、それが十七世紀のデカルトなのです。デカルトよりも百七十年ほど後のドイツの哲学者ヘーゲル(一七七〇ー一八三一)はデカルトのことを近代哲学の創始者とよんでいます。デカルトによって近代哲学ははじまった、ヨーロッパ精神(近代ヨーロッパ精神)を確立する先鞭をつけたのはデカルトであるというのです。ヨーロッパ精神は、人類の精神の歴史において近代という時代に誕生した、というよりもむしろ、近代という時代を成立させるにいたった精神ですが、この精神についてヘーゲルはつぎのようにのべています。

ヨーロッパ精神は自己に向かいあって世界を定立し、自己を世界から解放するが、しかし、

［自己と世界という］この対立をふたたび止揚して、自己の他者すなわち多様なものを、自己のなかに、自己の単純性のなかにとりもどす。（ズーアカンプ版著作集、第十巻、六二頁）

ヘーゲルは、このように抽象的な僅少の言葉で重要な内容を語るので、難解だといわれます。少し注釈をくわえてみましょう。「自己に向かいあって世界を定立し、自己を世界から解放する」というのは、世界のなかにいる自己が世界の外にでるということを意味します（図47を参照）。世界は、そうすることによって、外にでた自己に向かいあって存在する、つまり、自己の対象となります。簡単にいえば、それは自己が世界を対象化するということです。世界を対象化するというのは、このように、自己が世界の外にでる、すなわち、「自己を世界から解放する」（解き放つ）ことによって成立します。すると、そこには、自己と世界という「対立」が生じることになります。何故、対象化されて「自己の他者」となった世界が「多様なもの」になるのかといいますと、対象化された世界の分析が、それを対象化する自己によって行なわれるからです。分析された世界（「多様なもの」）は再び自己のなかに獲得されます。こうして、対立は解消し、多様なものは単純な自己のなかに回収されるのです。「止揚《しよう》する」というのは、ここでは、分析された対象を総合して自己のなかにとりもどす作業を意味しています。

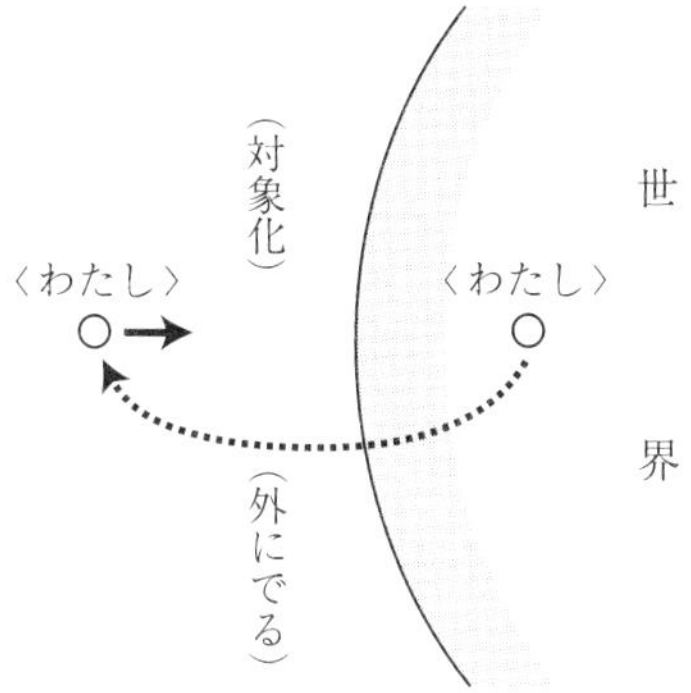

図47　世界の対象化（〈わたし〉の二重化）

引用文でヘーゲルがデカルトについて直接語っている部分は、「自己を世界から解放する」までの箇所です（正確にいえば、「自己の他者すなわち多様なもの」、つまり分析の結果もふくまれます）。それ以降の文章はヘーゲル哲学にかかわる部分です。ここではデカルトにかんする部分に限ることにします。

「自己に向かいあって世界を定立し、自己を世界から解放する」というのは、世界のなかにいる自己が世界の外にでるということである、といいました。世界のなかにいる自己は、どのようにして世界の外にでるのでしょうか。自己が世界の外にでる、それは自己意識（〈わたし〉の二重化）によって可能になります。自己意識によって自己はどのようにして世界の外にでるのでしょうか。デカルトの場合（と断わるのは、日本文化の場合にはそうではないからなのですが）、自己意識は意識とは明確に区別されています。それは当然のことなのです。何故ならば、デカルトは、ほかならぬ〈わたし〉という自己意識を意識から明確に区別して不動の拠点として確立しようとしたからです。

自己を意識する〈わたし〉が世界の外にでることができるのは、意識のもつ志向性によります。つまり、〈わたし〉が何かを意識するとき、意識されるその何かは〈わたし〉の対象となるのです。対象というのは、〈わたし〉に向かいあって存在するものです。つまり、その何かは〈わたし〉という自己に向かいあって存在します。意識されるその何かが世界であれば、世界は〈わたし〉という自己に向かいあって存在するのです。世界が〈わたし〉という自己に向かいあって存在することによって、〈わたし〉は世界の外にでることができるのです。

このような〈わたし〉というのは、二重化した〈わたし〉における主体の〈わたし〉のことです。つまり、自己に向かいあって世界を定立し、世界を対象化するための前提として〈わたし〉の二重化が成立していなければならないということになります。〈わたし〉の二重化というのは、〈わたし〉が〈わたし〉の外にでるということであり、そのことによって、〈わたし〉が世界の外にでることが可能になるのです。

デカルト哲学はこのような「考える〈わたし〉」を第一原理（究極の原理）として、この原理にもとづいて構築されています。『省察』のなかでデカルトはこの「考える〈わたし〉」をアルキメデスの点になぞらえています。梃子の原理を発見したアルキメデスは、地球の外に「確固不動の一点」が与えられるならば、地球を動かせてみせる、といったと伝えられています。デカルトの自己意識としての「考える〈わたし〉」の確立はまさしく人間精神におけるアルキメデスの点の確立でした。この地点に立つことによって人間は自然を支配する主人となり自然を所有することができるとデカルトはいいましたが、ここに拠点をおく人間精神のまえに機械的な自然が展開し科学技術は飛躍的に発展することになりました（ちなみに、この地点は、同じ時代に成立したフランス庭園の特権的な中心点に相当するということができます）。こうして百二十年余り後には産業革命の時代をむかえます。また、この自己意識は不平等の状態に隷属させられていた民衆に自己の隷属状態を自覚させるにいたり、百五十年後に起きるフランス革命の思想的な淵源ともなりました。

デカルトの「考える〈わたし〉」は〈わたし〉の外にでて、世界の外に超えでた地点に構築されています。「考える〈わたし〉」が世界の外に超えでてしまえば、その〈わたし〉は、文字どおり、宙に浮くことになるはずです。それにもかかわらず、何故、〈わたし〉は確固不動でいられるのでしょうか。それは、キリスト教の神、すなわち、唯一絶対の超越神が〈わたし〉を支えているからです。宙に浮く〈わたし〉は神へのゆるぎない信仰に支えられて確固不動のものとして存在することができるのです。

第二章　〈わたし〉は純粋経験のなかに没している
――西田幾多郎

日本の哲学は西洋文化を受容する過程のなかから生まれたものです。西田幾多郎（一八七〇―一九四五）は近代日本を代表する独創的な哲学者であるといわれていますが、それは西田が西洋の伝統的な哲学と格闘しながら、日本の伝統的な文化の本質を明らかにしようと試みた偉大な哲学者だからです。この章では日本人の〈わたし〉のありかたに照準しながら、西田幾多郎において哲学的思索がどのように営まれているか、近代哲学の創始者とよばれるデカルトと比較しながら検討してみることにします。

ヘーゲルを始め諸《もろもろ》の哲学史家のいっているように、デカートの「余は考う故に余在り」は推理ではなく、実在と思惟との合一せる直覚的確実をいい現わしたものとすれば、余の出立点と同一になる。（『善の研究』岩波文庫、六三頁。以下、同書の場合は頁数のみを記します）

これは西田幾多郎の処女作『善の研究』（一九一一年）のなかの一節です。デカルトは「〈わたし〉は考える、ゆえに〈わたし〉はある」という命題は推理ではなく、直観によって成立する、といっています。西田は、この命題が「実在と思惟との合一せる直覚的確実をいい現わしたもの」であれば、自分の「出立点」と同一である、と語っています。ちなみに、デカルトの〈わたし〉を西田は「余」と訳しています。文章語で、いまでは「私」というところを、昔は「余」といっていたのです。

右の引用文で西田幾多郎の「出立点」が「実在と思惟との合一せる直覚的確実をいい現わしたもの」であることはわかりますが、具体的にはどのようなものだったのでしょうか。『善の研究』の第二編第一章「考究の出立点」の文章を読んでみましょう。

今もし真の実在を理解し、天地人生の真面目《しんめんもく》を知ろうと思うたならば、疑いうるだけ疑って、凡ての人工的仮定を去り、疑うにももはや疑いようのない、直接の知識を本として出立せねばならぬ。我々の常識では意識を離れて外界に物が存在し、意識の背後には心なる物があって色々の働きをなすように考えている。またこの考が凡ての人の行為の基礎ともなっている。しかし物心の独立的存在などということは我々の思惟の要求により仮定したまでで、いくらも疑えば疑いうる余地があるのである。その外科学というような者も、何か仮定的知識の上に築き上げられた者で、実在の最深なる説明を目的とした者ではない。またこれを目的としている哲

学の中にも充分に批判的でなく、在来の仮定を基礎として深く疑わない者が多い。（六〇－六一頁）

引用文を読むと、デカルトと同じように西田もまた懐疑を徹底して確実な知識を求めようとしていることがわかります。しかし、西田における懐疑は、「凡ての人工的仮定」を排除していくことによってえられる「直接の知識」を求めようとするものです。「人工的仮定」といわれていますが、「人工的」というのは、「思惟」によって構成されたもののことを指し、それは「仮定」にすぎないというのです。ですから、西田の「直接の知識」というのは、「思惟」によって構成されたものをすべて排除したときに到達される知識のことを指しています。「直接」というのは、「思惟」がまったく介入していないという意味です。

西田の「疑いうるだけ疑う」という懐疑において、疑うという行為は、当然、疑わしいと考えること、すなわち、思考（西田のいいかたでは、「思惟」ですが、以下「思惟」という言葉にたいして筆者は「思考」ということばを用います）を意味するでしょう。すると、西田は、懐疑において、「思惟の要求」によってなされた「仮定」を、疑わしいと考える（思考する）ことによって排除しようとしていることになります。疑わしいと考える、この思考のことを西田は「反省する」とも語っています。さきほどの引用文に続けて西田はいっています。

物心の独立的存在ということが直覚的事実のように考えられているが、少しく反省して見る

と直にそのしからざることが明らかになる。（六一頁）

「物心の独立的存在」（物と心が独立的に存在するということ）を「反省して見る」ことによって、すぐに、そうではないことが明らかになる、と西田はいいます。ここに例示されているように、西田の懐疑はこのように反省をくわえていくことによって遂行されているように見えます。こうして、西田は、反省を、すなわち、疑わしいと考える行為を、つぎからつぎに徹底的に重ねていくことによって「直接の知識」に到達することができるといっているかのようです。そのようにして到達した「直接の知識」が、「疑うにももはや疑いようがない」というのでしょうか。

ここで、「疑うにももはや疑いようがない」と西田がいうのは、「疑いうるだけ疑う」という懐疑を遂行してきた思考（反省）そのものが、疑おうとしてももはや疑いようがないという意味でしょうか。つまり、「疑いうるだけ疑う」という懐疑を遂行してきた思考はそのまま存在し続けているのでしょうか。デカルトの「考える〈わたし〉」は、そのような思考の存在そのものを把握し返すことによって得られたものでした。西田の場合もそうなのでしょうか。

わたしたちは、この疑問を、いまは留保したまま、西田幾多郎がさらに語ることを聞いてみることにしましょう。

さらば疑うにも疑いようのない直接の知識とは何であるか。そはただ我々の直覚的経験の事実即ち意識現象についての知識あるのみである。現前の意識現象とこれを意識するということとは直に同一であって、その間に主観と客観とを分かつこともできない。事実と認識の間に一毫の間隙がない。真に疑うにも疑いようがないのである。(六二頁)

懐疑を徹底していって到達した「直接の知識」は、「直覚的経験の事実即ち意識現象についての知識」(『善の研究』の根本概念である純粋経験ないし直接経験のことです。また後でふれます)であると西田はいいます。何故、これが「直接の知識」であり、「真に疑うにも疑いようがない」ものであるのかといえば、「現前の意識現象とこれを意識するということとは直に同一であって、その間に主観と客観とを分かつこともできない。事実と認識の間に一毫の間隙がない」からである、というのです。「現前の意識現象」が「事実」そのままであり、「これを意識すること」がそれを「認識」するということです。この二つが「直に同一」であって、その間に「一毫の間隙がない」のは、「主観と客観とを分かつことができない」からです。いいかえますと、「現前の意識現象」が「直覚的経験の事実」であるという、そのような「意識現象」が西田のいう「直接の知識」です。

ここで、さきほどの疑問にもどってみましょう。「主観と客観とを分かつことができない」というのは、主観が客観であり、客観が主観である、つまりは、主観も客観もないということです。では、懐疑を遂行した主観である思考(客観はその思考によって疑わしいと考えられる対象です)はどこにいったのでしょうか。「直覚的経験の事実」において、「現前の意識現象とこれを意識するということとは直に同一であって、その間に主観と客観とを分かつこともできない」といわれているこの事実を、ただ眺めているのでしょうか。それとも、懐疑を遂行したこの思考そのものが消滅してしまったから、「現前の意識現象とこれを意識するということとは直に同一であって、その間に主観と客観とを分かつこともできない」という事態だけが、存在するというのでしょうか。

この疑問について考えてみるまえに、まず西田の純粋経験ないし直接経験とはどのようなものであるのかを見ておくことにします。『善の研究』第一編第一章「純粋経験」の冒頭の文章を引用してみます。

経験するというのは事実其儘に知るの意である。全く自己の細工を棄てて、事実に従うて知るのである。純粋というのは、普通に経験といっている者もその実は何らかの思想を交えているから、毫も思慮分別を加えない、真に経験其儘の状態をいうのである。たとえば、色を見、音を聞く刹那、未だこれが外物の作用であるとか、我がこれを感じているとかいうような考のないのみならず、この色、この音は何であるという判断すら加わらない前をいうのである。それで純粋経験は直接経験と同一である。自己の意識状態を直下に経験した時、未だ主もなく客もない、知識とその対象とが全く合一している。これが経験の最醇なる者である。（一三頁）

さきほどの第二編第一章「考究の出立点」からの引用文で、「凡ての人工的仮定を去る」といわれていたことが、ここでは、「全く自己の細工を棄てる」、「毫も思慮分別を加えない」と語られています。また、「主観と客観とを分かつこともできない。事実と認識の間に一毫の間隙がない」の箇所は、「未だ主もなく客もない、知識とその対象とが全く合一している」といわれています。ここに語られている原事態――事実そのまま、あるいは、経験そのまま、であるところの純粋経験ないしは直接経験の事態――と反省的思考との関係は、「考究の出立点」でのべられている構造と基本的に同じです。違いは、さきほどは、懐疑を遂行して到達した原事態において、それを遂行した(疑わしいと考える)思考の行方がはっきりしないということであり、今度は、「未だ主(観)もなく客(観)もない」というこの原事態について、ここでそれを分析的に述べている思考がどういう思考であるのか素姓がよくわからないということにあります。要するに、西田の哲学的営為におけるみずからの思考そのものの位置づけがはっきりしていないのです。

引用文のなかで、西田は、「自己の意識状態を直下に経験」すれば、このような原事態を経験できると語っているかのようです。「直下に経験した時」という表現が、「自己の意識状態」を見る主観(思考)が存在していて、その「意識状態」を「直下に」見て「経験」するとうけとられるからです(このような誤解は、西田自身の思考の位置づけがあいまいであることに由来するでしょう)。そうではなくて、「自己の意識状態を直下に経験した時」というのは、「未だ主もなく客もない、知識とその対象とが全く合一している」、そのような原事態(「意識状態」)のなかで、その原事態そのものを「経験」することを意味します。「直下に」というのは、「未だ主もなく客もない」つまり「直に」というのと同じです。それが、西田がいう、純粋に、直接に経験するということです(西田幾多郎の研究者は、「自己の意識状態を直下に経験した時」という箇所を前者の意味に受けとって誤解するか、あるいは、無自覚なまま、ということは、研究者自身の見る主観(思考)を自明のものとして疑いをいだくことなく、その主観によって西田の文章を分析するわけです。こうして西田自身と研究者との間に基本的なすれちがいが生じてしまいます)。

さて、さきほどの疑問にもう一度もどることにします。疑問というのは、「疑いうるだけ疑って、……疑うにももはや疑いようのない直接の知識」に到達したとき、懐疑を遂行したそれまでの思考はどこにいったのかというものでした。上田閑照(西田の孫弟子にあたり、西田にかんする著作を多数発表している)はその点に自覚的です。少し長くなりますが上田の解釈を検討してみることにしましょう。

上田は、「疑うにも疑いようのない直接経験の事実」は「疑うという反省の方法的遂行」にたいして与えられる、といいます(『私とは何か』岩波新書、九七頁。以下、同書の頁数のみを記します)。その与えられかたは、つぎのようです。上田の文章を引用してみます。「疑って疑ってという方法の遂行に対して、西田においては、疑うにも疑いようのない直接の知識にしてそのまま事実そのものであるところの純粋経験が提出される。これは疑うという方法によって獲得されたものではない。疑うという方法を圧倒し疑いそのものを断ち切るような仕方で、「疑うに疑い得ない」純粋経験の事実が原与されるのである」(一〇三頁)。「疑うという反省の方法」は「圧倒され」、「疑うという反省」そのものが「断ち切ら」れるというのです。「反省によって求められる確実なものは、反省によって見出されるのではなく、方法を超え反省を破る仕方で方法以前の原始事実が原与される。……それは反省によってうけとり直されて出立点の確証となるが、与えられる仕方は反省を破って原与されるのである」(一〇三―一〇四頁)。

上田は、「疑うという反省の方法」は「圧倒され」、「疑うという反省」そのものが「断ち切ら」

れる、そしてまた、「反省を破る」といういいかたをしていますが、これはどのようなことなのでしょうか。別の箇所を引用してみます。「「私」が「色を見、音を聞く刹那」によって打ち破られるということが起こるとき――現に生起したとき、それが西田の言う「純粋経験」である。それは言葉が奪われる経験である。ということは、同時に、「私」も「我を忘れて」、正確には「我なし」という仕方で出来事の渦中になる。言葉が奪われる経験はまたそこから言葉が生まれる経験にほかならない。……新しい言葉とともに「私」も甦る」（一〇〇頁）。これは「言葉」に関連づけて語られていますが、そのことを保留してみますと、「私」が「打ち破られる」という出来事が、まず生起して、「私」は「我なし」というしかたで（つまり、無となって）出来事の渦中になる、それから再び「私」が「甦る」ということを語っていることになります。ここで、「私」というのは、疑いうるだけ疑うという反省的思考の主体を意味しています。そうだとすれば、「我なし」というのは、反省的思考の主体である「私」が無となる、ということを意味するでしょう。そして、「私」が「甦る」というのは、反省的思考の主体としての「私」が無から「甦る」ということです。つまり、「破る」、「打破する」というのは、その結果、反省的思考の主体としての「私」が消滅し無化することを意味しているのです。

上田のここまでの解釈は一応正当であるといえます（一応と留保したのは、「方法」といういいかたに問題があるからです。そのことはすぐのべます）。「疑いうるだけ疑って、……疑うにももはや疑いようのない直接の知識」に到達したとき、懐疑を遂行したそれまでの思考はどこにいったのかというのがわたしたちの疑問でしたが、この思考は「直接の知識」のなかでは消滅しているのです。しかし、一旦消滅した思考も、そのまま狂気の世界に突入するのでなければ、また甦ってきます。上田は、「方法の破綻が新しい反省の出発点になる」、「反省が破られたというそのことが、かえって「深い反省」を要求することになる」といっていますが、一度消滅した反省的思考と甦った反省的思考との関係は、ただの「反省」にたいして「新しい反省」、「深い反省」と呼ばれているだけで、本質的な区別は明らかではありませんし（「反省」という名詞に「新しい」や「深い」という形容詞をつけているだけです）、その必要も感じていないようです（西田幾多郎自身がそうであることはすでにのべました）。例えば、ヘーゲルは、その点に自覚的です。ヘーゲルが悟性と理性とを明確に区別するのは、まさしく、この点に関わるものです。「悟性」とは、消滅すべき運命にある反省的思考のことですし、「理性」というのは、消滅から甦った反省的思考のことであり、まさしく、西田や上田のいう「新しい反省」や「深い反省」のことを意味しているのです（残念ですが、ヘーゲルについてここで詳しくのべる余裕はありません。詳しいことは別の機会にのべました。ご参照いただけましたら幸いです。拙著『無の比較思想』ミネルヴァ書房）。

もう一つ、「方法の破綻が新しい反省の出発点になる」という上田の見解は問題です。破綻するような方法が哲学の方法といえるのでしょうか。これは、西田の「疑い得るだけ疑って、すべての人工的仮定を去り、疑うにももはや疑いようのない、直接の知識を本として出立せねばならぬ」という言葉を、上田が、「疑うという反省の方法的遂行」を徹底することによって「直接の知識」に到達することができる、とうけとめたことから生じているように思われます。ですから、上田は、「方法を圧倒する」、「方法を超える」といういいかたをするのです。しかし、それは上田の見解にすぎないように思われます。西田自身はそのようにのべていないからです。『善の研究』のなかに、西田がどのようにして反省的思考から去ることができたかを（つまり、反省的思考の行方について）語っているつぎのような箇所があります。

思惟を進行せしむる者は我々の随意作用ではない、思惟は己自身にて発展するのである。我々が全く自己を棄てて思惟の対象即ち問題に純一となった時、更に適当にいえば自己をその中に没した時、始めて思惟の活動を見るのである。思惟には自から思惟の法則があって自ら活動するのである。我々の意志に従うのではない。（二一七頁）

この文章は西田が「思惟も純粋経験の一種である」ことを論証するためにのべた一節です。「思惟」が純粋経験であれば、この「思惟」においては、主観も客観もなく、両者は合一しており、分かつことができないわけです。引用文に語られている「思惟の活動」というのは、そのような「思惟」の働きのことであり、この「思惟」について、西田は、「思惟には自から思惟の法則があって自ら活動する」」、つまり、「思惟は己自身にて発展する」とのべているのです。引用文の直前には、「思惟であっても、そ〔れ〕が自由に活動し発展する時には殆ど無意識的注意の下において行われるのである、意識的となるのはかえってこの進行が妨げられた場合である」と書かれています。

デカルトの場合、思考は意識的、意志的であり、西田のことばを使えば「随意作用」です。西田が右の引用文で語っている「思惟」はそうではないのです。純粋経験としての西田のこのような

「思惟」は、もはや思考とよぶよりも、「思惟《しゆい》」（「思惟《しい》」というのは普通の場合、ものごとを対象化して行なわれる思考のことを意味しますが、「思惟《しゆい》」というのは、広隆寺の弥勒菩薩像に表現されているような、ものごとのなかに沈潜していく集中的な心の働きのことをいいます）とよぶのにふさわしいでしょう。このような「思惟《しい》」に到達するにはどのようにすればよいでしょうか。そのことは右の引用文のなかに語られています。最初の「思惟を進行せしむる者は我々の随意作用ではない」という文章からは、この「思惟」は「我々の随意作用」によって働くものではないことがわかります。最後の「我々の意志に従うのではない」という文章からは、その「活動」を「我々の意志」に従わせようとしてはならないということがわかります。つまり、思考するときに、「随意作用」すなわち「意志」から思考を切り離すことが必要だというのです。

　みずからの意志が、思考のもとにあるかぎり（上田がいう「疑うという反省の方法的遂行」というのは、みずからの意志が、「疑うという反省の方法的遂行」のもとにあるということです）、自己が思考そのものから去るのは困難です。引用文に「我々が全く自己を棄てて思惟の対象即ち問題に純一となった時、更に適当にいえば自己をその中に没した時、始めて思惟の活動を見るのである」と語られています。「自己を棄てる」というのは、自己つまり思考（する主体）を棄てるということ、いいかえますと、みずからの思考を「意志」のもとから追放するということです。

「意志」のもとから追放された思考はどうなるでしょうか。思考は支えを失って、純粋経験の事実のなかに「没する」のです。それが、「全く自己を棄てて思惟の対象即ち問題に純一となる」ということであり、「自己をその中に没する」ということです（「思惟の対象」というのは、西田が求めている純粋経験のことであり、それが「(思惟の)問題」でもあるのです)。このようにして、思考は消滅し、純粋経験の世界が現出します(思考が消滅するとのべましたが、消滅するのは対象的思考です。西田の「思惟」は、そのとき「直覚」となります)。そのようにして、「始めて思惟の活動を見る」というのです。西田には十数年におよぶ参禅・打座の体験がありました。西田の右の言葉は、永年に及んだ参禅体験において西田が行なった「思惟」との関わりかたをのべたものです。『善の研究』という著作は、その体験を「純粋経験」という概念に集約し、それを「唯一の実在としてすべてを説明して見たい」という意図のもとに書かれたものです。

ですから、参禅体験のなかで「思惟の対象即ち問題」のなかに「没して」、それと合一することによって一度消滅した思考(その思考は当然また甦ってくるのですが)と、後からそのときに体験された直覚的経験の事実の世界を説明しようとする思考(「唯一の実在としてすべてを説明する」ときに働く思考)との関係は西田にとって問題にならなかったのでしょう。『善の研究』の段階の西田には、一度消滅した思考と甦った思考との関係を問題にするという意識はありません。ひたすら、甦った思考から、消滅したときの事態を見ているだけです。この関係が問題となるのは、「見るものなくして見る」という場所の思想が成立する段階においてのことです。

そのことについて少しだけのべておきたいと思います。西田が「自己の意識状態を直下に経験した時」というのは、「未だ主もなく客もない、知識とその対象とが全く合一している」というこの原事態そのもののただなかで、純粋に、直接に経験していることを語っているものであるということは、すでにのべました。そこには反省的(対象的)思考は存在していないのです。では、「未だ主もなく客もなく」、「知識とその対象とが全く合一している」といわれているこの原事態そのもののただなかで、この事態そのものの経験はどのようにして成立するというのでしょうか。

『善の研究』の時期の西田は、まだそのことを的確には説明できずにいました（というよりも、そのような問題意識がまだ存在していませんでした）が、やがて、その哲学が「西田哲学」と固有名詞を付してよばれるようになる『働くものから見るものへ』（一九二七年）の時期にいたって、明確に自覚されることになります。それが、「見るものなくして見る」という表現です。そもそも、「見る」という主観がまだ存在しなければ、見られる客観は存在しません。このような原事態、すなわち、「未だ主もなく客もない」という事態、のただなかにあって、「見るものなくして見る」と西田はいうのです。それは「見るもの」なしに「見る」、つまり、「見るもの」はなく、ただ見えているだけ、という事態のありかた、のことをいいます。西田はこの「見るものなくして見る」ことを「言語を絶し思慮を絶した神秘的直観」とよんでいます。それは「我々の思惟を超越」し、「我々の意識を超越」したものだからです。このようなしかたで「見る」ことを基礎にして、西田の場所の思想が成立します。「知識とその対象とが全く合一している」という「純粋経験」概念は、このような「見るものなくして見る」こと（「言語を絶し思慮を絶した神秘的直観」）に基礎をおく「場所」の概念へと深化していくのです。

わたしたちは、西田幾多郎の「出立点」がどのようなものであるかを考察してきました。西田の「出立点」としての「実在と思惟との合一せる直覚的確実」というのは、「思惟」が「実在」つまり「純粋経験」と合一しているということであり、そのとき「思惟」はその「対象即ち問題」（＝「純粋経験」）に「純一となり」、そのなかに「没して」いるのです。このようなしかたで「実在と思惟との合一せる」事実は、ただ「直覚」されるほかなく、直覚されたその事実は確実で疑いようがないというものでした。

西田幾多郎の「出立点」についての話を一応終えました。ここで、西田が、自分の「出立点」はデカルトと同一であると語っていた最初の話にもどることにします。どのように同一であるかといえば、デカルトの「〈わたし〉は考える、ゆえに〈わたし〉はある」という命題が、西田によれば、「実在と思惟との合一せる直覚的確実をいい現わしたもの」として同一である、というのです。しかし西田が自分の「出立点」はデカルトと同一であるというのは、どういうことなのでしょうか。

デカルトの「〈わたし〉は考える、ゆえに〈わたし〉はある」という命題において、西田のいう「実在」というのは、「〈わたし〉はある」ということでしょうし、「思惟」とは、「〈わたし〉は考える」ということでしょう。そして、両者の「合一」は、西田においては、「直覚的確実」である（直覚的に確実である）、ということですし、デカルトでは、「直観」によって確実である、ということです。デカルトにとって、「直観」が何故確実であるか、といえば、それは神に由来するものだからでした（すでにのべましたように、デカルトは、「直観」のことを「自然の光」あるいは「理性の光」ともよんでいますが、この光は神によって与えられたものです）。

デカルトの「実在と思惟との合一」は、「考える〈わたし〉」の存在は確実である、ということであり、いいかえると、「自己意識」の存在は確実である、ということでした。その確実性は、神によって与えられた「直観」によって保証されているのです。これにたいして、西田の「実在と思惟との合一」は、「現前の意識現象とこれを意識するということとは直に同一であって、その間に主観と客観とを分かつこともできない。事実と認識の間に一毫の間隙がない」というものでした。それは、「直覚的経験の事実即ち意識現象についての知識」です。そこには、主観も客観も存在せず、事実がそのまま認識であり、認識がそのまま事実である、西田はそう語っています。主観も客観も存在しないのに、どのようにしてこの「知識」が成立するのか、という疑問にたいしては、西田は、それは「直覚」によって成立する、と答えています。「直覚」とは、西田によれば、「直に直接の判断」（六五頁）であって、そこには、いかなる思考の「仮定」もふくまれていない、というわけです。つまり、「直に直接の判断」としての「直覚」にもとづく「意識現象についての知識」、すなわち、「純粋経験」ないしは「直接経験」こそが、「仮定なき知識の出立点」となる、西田はそのように語っているのです。

ですから、同一に見えるのは、西田がいう「直覚」とデカルトの「直観」が同じもののように見えるからであって、両者は実際は異なっているのです。西田は「直覚」という語を「直観」の意味で使うこともありますが、ここではそうではありません。さきほどの文章のなかの「実在と思惟との合一せる」（実在と思惟とが合一している）ということです。「推理」つまり反省的思考はまだ介在していません。西田がいう「実在と思惟との合一」というのは、「未だ主もなく客もない、知識とその対象とが合一している」というのは、すでにのべましたように、「思惟」が「実在」のなかに「没する」ということなのです。

そのとき、反省的思考は存在しません。西田の「直覚」は、「未だ主もなく客もない、知識とその対象とが合一している」という事態のただなかにおける直接知を意味しているのであり、この「直覚」には、そのように事態を認識する自分自身を反省して、それは「直覚」であると、自己自身に言及する能力はないのです（さきほど、西田がこの「直覚」について、「直に直接の判断」であるとのべていることを指摘しました。反省的思考の推理による判断ではないというのです。そのとおりであるとしても、しかし、このような言及は反省的思考によって初めて成立するものです）。「未だ主もなく客もない、知識とその対象とが合一している」という事態にたいして、それが直覚的に確実であると言及するには反省的思考が不可欠ですが、西田の「直覚」は、反省的思考とは、さしあたり、関係がないのです。それにたいして、デカルトの「直観」は、「考える〈わたし〉」がその「〈わたし〉の存在」を直接的に知ることを意味しており、両者の関係を認識し、その認識内容に言及する思考そのものについての直接知を意味しています。

　では、西田には何故、同一であるように見えたのでしょうか。それは、デカルトの「〈わたし〉は考える」つまり「考える〈わたし〉」を、たんに、「実在」として、いいかえますと、西田自身の反省的思考の対象として、つまり、自分の反省的思考の外に、見ているにすぎないからです。つまり、自分の思考のありかたそのものとしてうけとめていないのです（このことは、別のいいかたをしますと、自分の思考そのものを対象化できない、あるいは、相対化できない、さらにいいかえますと、無自覚なまま絶対化している、ということです）。ですから、デカルトの「〈わたし〉は考える」ということの思考における、「考える〈わたし〉」のありかたが見えなかったのです。

　これは、西田だけではなく、現在でもよく見うけられる現象です。西田とデカルト、両者は対照的です。西田の「直接の知識」すなわち「純粋経験」は、補論の第一章で引用しましたデカルトの「思考」の定義（一九八―一九九頁）にならっていえば、「私は、純粋経験という語で、意識しているわれわれにとって、われわれのうちに生起する働きと内容（のすべてを意味する）」ということになるでしょう。そして、その後に但し書きをつけなければなりません。「しかもその意識がわれわれのなかにないかぎりの働きと内容、のすべてを意味する」と。

「しかも」に続く「その意識」というのは、補論の第一章でのべましたように、「自己意識」のことです。デカルトの「考える〈わたし〉」というのは、〈わたし〉が、例えば、感覚する〈わたし〉を意識するという「自己意識」のことでした。「その意識」が、「純粋経験」においてはあってはならない、と西田はいうのです。いいかえますと、デカルトの「考える〈わたし〉」は「人工的仮定」にすぎないから、排除しなければならない、と西田は、反省的思考によって〈対象化する拠点として〉の「考える〈わたし〉」に依拠して）考えるのです（この拠点は前章で述べましたようにデカルトが確立したものであり、明治以降の日本人が西欧から輸入したものです）。西田において、そのように考えているみずからの思考そのものの基礎づけはなされていませんから、西田における反省的思考の由来は不明です。ここに私たちは思考における「和魂洋才」の一つの典型を見ることができるように思われます。

デカルトの懐疑は、まず感覚にたいする懐疑からはじまっています。感覚は、ときとしてわたしたちを欺くから疑わしい、つまり、意識は不確実であるとデカルトは考えます。しかし、たとえそうであろうとも、感覚する〈わたし〉そのものを意識する〈わたし〉、いいかえますと、「自己意識」

における〈わたし〉(「考える〈わたし〉」)の存在は確実である、これが、デカルトの懐疑の到達点です。西田の懐疑は、思考にたいする懐疑です。感覚にたいしては、『善の研究』の第一編第一章「純粋経験」の冒頭の引用文に「たとえば、色を見、音を聞く刹那」と例示されていたように、また、「純粋経験の事実」として、まず「感覚や知覚がこれに属する」(一四頁)と語られているように、感覚は疑いえないというのです。感覚する〈わたし〉そのものを意識する「自己意識」としての〈わたし〉は「人工的仮定」にすぎず、「意識」こそが確実である、これが西田の懐疑の到達点です。

哲学は、「思考の事柄」です。ヘーゲルが、デカルトのことを近代哲学の創始者である、と語っていることは前章でのべましたが、それは、デカルトの哲学が近代的思考すなわち対象的思考の拠点としての〈わたし〉を基礎づけ、それを確立した哲学だからです。このような思考様式は、それを生みだした西洋のキリスト教文化圏においては自明のものであるかもしれません。しかし、それは江戸時代までの日本には存在しなかったものであり、明治以降に輸入されたものです。ですから、異質な文化的伝統を有する日本においては必ずしも自明なものではないのです。そこから、例えば、デカルトを批判しようとする思考が、まさしくデカルトが確立した対象的思考にほかならないという矛盾が生じます(つまりは、デカルトの思考をその外から対象として見ているにすぎず、批判しようとするみずからの思考そのものの自覚が欠如しているのです)。

西田幾多郎は、西洋の伝統的な哲学と格闘しながら、日本の伝統的な文化の本質を明らかにしようと試みた偉大な先駆者です。しかし、西田のように、みずからの文化の自己主張のために、輸入した対象的思考を用いながら、哲学の出立点において、対象的思考そのものを廃棄しようとするならば、当然のこととして、みずからの哲学的思考そのものの基礎づけが要求されるはずです。日本の伝統的な文化の本質を普遍的な地平で明らかにするためには、本来異質な文化圏から輸入して体得した対象的思考と日本の伝統的な文化との関係を明確にし、みずからの思考を基礎づけるという、西田幾多郎でさえ果たせなかった至難の問題を解決することが不可欠であるように思われます。そうでなければ、私たち日本人の思考はいつまでも自立することができないのではないでしょうか。

おわりに

明治の文明開化からはじまって、ひたすら西洋文化をとりいれようと努力し続けて百四十年という時間が過ぎました。現代の日本人は西洋化した日本人です。西洋化した日本人として、わたしたちは二つの〈わたし〉をもっています。一つは西洋的な〈わたし〉であり、もう一つは日本の伝統的な〈わたし〉です。西洋的な〈わたし〉というのは、世界（自然）の外にでて、外からそれを眺める〈わたし〉のことです。本文でのべましたように、この〈わたし〉は自己意識、つまり、自己を意識する〈わたし〉のことです。明治以降の日本人が西洋から学んだことがらの基本にあるのはこの自己意識であるということができるでしょう。もう一つの日本の伝統的な〈わたし〉というのは、世界（自然）の外にでるのではなく、そのなかに溶けこみ、そこに支えを見出している〈わたし〉です。万葉の昔から現代にいたるまで、このような〈わたし〉は日本人のなかに生き続けています。

本文で検討しましたように、西洋的な〈わたし〉のありかたを見極めることによって明らかになった日本の伝統的な〈わたし〉のありかたは、西洋的な〈わたし〉とは対極的ともいえるほど異質です。わたしたちは、この百四十年のあいだに、異質な二つの〈わたし〉を知らぬまに自分たちの内部にかかえこむという運命を背負ってしまったのです。わたしたちが、現在、自分のことを称することばとして用いている「私」は、第四章でお話しましたように、日本の伝統的な〈わたし〉のありかたのなかから成立しています。そのような「私」という自称のことば（いまは、日本語の自称詞を「私」に代表させているわけですが）を、わたしたちは、あるときには西洋的な〈わたし〉の意味をこめて、またあるときには日本的な意味で、自覚することなく使用しているのです。

西洋と日本のはざまにある現在の混沌とした日本文化の根底に存在するのは、「私」という自称詞のこのような無自覚な使用のしかたであるように思われます。精神の乱れはことばの乱れとして現われます。現代日本語における敬語の用いかたの混乱についてはよく指摘されますが、しかし、「私」という自称詞の用いかたの混乱について指摘する人はほとんどありません（敬語の乱れの根底には、「私」という自称詞の乱れがひそんでいると思うのですが）。その理由は、混乱が「私」自身の内部において生じているものであり、あまりに身近すぎて気づきにくいものだからでしょう。ですから学問（科学）的な眼からも逃れてしまうのです（仮に、学問的に問題にしようとしても、問題にしようとする人の「私」の問題は、「はじめに」でのべましたように、視界にはいってこないのです）。こうして、現代のわたしたち日本人は自分自身の内部に混乱をかかえていることを自覚することもなく、ひたすらそれに振り回されるだけということになるように思われます（その自覚もないわけですが）。

識者のよく指摘するところですが、現在の日本人の、とくに若い人の、茶髪は、真剣に自分を求めようとして、見いだすことができず、自分を見失っている（とりあえず、アメリカ人になっている）、という自己表現ではないでしょうか。日本の伝統的な〈わたし〉を見失えば、自分の内部には西洋的な〈わたし〉しか残っていません。西洋的というのは現在の日本ではアメリカ的ということのようですから。その若者は「私」（という自称詞）の混乱したありかたに満足していないのです。また、漫画の人物の（とくに、少女の）眼もまた異様です。あの丸くて大きな、何も見ていないような眼は、いったい、どこの国の人間の眼なのでしょうか。少なくとも日本人の眼ではありませんし、人間の眼ではなく、何か動物の眼のようにも見えます。そのような眼をした漫画の人物を日本のいたるところで見かけるのは不気味です。あの眼が日本人としての自分たちの眼であるというのですから。そのような眼を見ると、日本人の自分にかんする表象の危うさを感じるのではないでしょうか。

阿部謹也が、日本人は翻訳日本語である「社会」と、日本の伝統的な「世間」とを混同して、世間のなかで生きながら社会のなかで生きていると錯覚しているのではないか、と語っているのを第三章で紹介しました。この混同とそこから生じる錯覚も、「私」という自称詞の無自覚な使用に由来するように思われます。つまり、「私」を西洋的な〈わたし〉と混同して、世間のなかで生きている「私」が西洋的な〈わたし〉として社会のなかで生きているつもりになっているのではないでしょうか。同じ第三章で、タイタニック号のジョークを紹介しました。ジョークのなかの日本人が、船長に「皆さんそうしていますよ」といわれて、慌てて海に飛び込むのは、皆がそうしていると聞いて、そこで思考が停止するからです。何故、停止するのかといいますと、この日本人の〈わたし〉が「皆さん」（＝世間）という状況のなかに溶けこむという習性があるからです。状況のなかに溶けこむことによって、思考する主体としての〈わたし〉は消滅し、〈わたし〉の思考の働きも消滅するのです。〈わたし〉は「皆さん」（＝世間）という状況のなかに消滅し、その状況のなかから、「私」が誕生します。ですから、そのような「私」が考えること（＝「私」の思考）は、状況（＝世間）を超えることができないのです。

キリスト教信者の数が人口の一パーセントにも満たないこの国でクリスマスはいまではほとんど国民的行事といってもいいくらい大勢の人が祝っています。あれはキリスト教の信者たちの祭りではないか、と疑問を呈する人たちの声は、そういうことにこだわらないのが日本人なんだよ、という圧倒的な声にかき消されてしまいそうです。このように大勢の人が祝うようになったのは、「皆さんそうしていますよ」という事実によって動かされる国民性が影響しているでしょう。日本のクリスマスはもとはといえばキャバレーやケーキ屋やデパートなどの商業資本の宣伝によってはじまりました。それが日本人の国民性に乗ってここまで隆盛を見るようになったのです。最近は、電飾のツリーをよく見かけます。新しくできたしゃれた住宅街でご近所が電飾のツリーを皆つけていると、うちだけなしでは、かっこ悪いというのです。バレンタイン・デーのチョコレートもチョコレート産業の巧妙な宣伝の成果であるといわれます。皆がするから（しかたなく）私も、というのです。義理チョコという日本独特の風習もこうして生まれたのです。

日本人のクリスマスの祝いかたを「クリスマス現象」とよぶことにしますと、クリスマス現象が生じる根底には、そこに思考が介在しないという事態があるように思われます。皆がそうしているという事実をまえにして、タイタニック号のジョークにかんしてのべましたように、そこで思考が停止するのです。思考が停止したあとに残るのは、ムード（情緒、雰囲気）だけです。風俗にかんしてもう一つだけクリスマス現象をとりあげてみます。

最近の若い人たちは結婚式を神道式でやるかキリスト教式でやるか、迷うようです。白のウェディング・ドレスを着たいからキリスト教式にしようかしら、というわけです。こうして、信仰のためにではなく営業のためにつくられたキリスト教の教会が日本中にできました。そのような教会で、キリスト教の神を信じてもいない若い二人が、牧師（らしき人）の立会いのもと、開いた聖書をまえにして、キリスト教の神に将来を誓い合うという結婚式が行なわれるのです。式場を経営するほうも抜け目はありません。もうだいぶまえのことですが、電車のつり広告で「鶴岡でハレルヤ」という一瞬目を疑うようなコピーを見かけたことがあります。首都圏の人が「鶴岡」と聞けば、鶴岡八幡宮を思い浮かべるでしょう。このコピーは、鎌倉の鶴岡八幡宮と提携している結婚式場で、神道式ばかりではなくキリスト教式の結婚式が挙げられますよという広告なのです。商業主義の真髄を体現したこの名コピーには感嘆してしまいました。

クリスマス現象が見られるのは、風俗ばかりではありません。思想の領域でも同様です。戦後の日本でとくに顕著ですが、フランスやドイツなどの流行思想をいち早くとりいれて、その思想が日本で流行するのです。本国の流行が別の思想に変われば、日本でも流行が変わります。本国では流行の必然性があり、変化の必然性があるわけですが、日本では流行の必然性や変化の必然性はありません。ただ、本国でそうだというだけです。そういう現象は、ファッションの流行と違いがないのではないでしょうか。このような現象が生じるのは、第三章でのべましたように、翻訳語だらけの日本語のなかで、日本人の頭が「西洋に引越している」からです。この引越しを容易にするのが、身につけた西洋的〈わたし〉を違和感なく日本語の自称詞の「私」と同一視してしまうことです。こうして、本来は西洋的〈わたし〉の思考によって成立している思想が日本人の「私」に身近に見えるのです。

日本人は明治以来、このようなクリスマス現象を個人の内面で小規模に、あるいは、社会的現象となるような大きな規模で、くり返してきたように思われます。その結果、現在の日本の文化はどのようになっているでしょうか。養老孟司が、ある対談のなかで、日本は、長い間、「和魂洋才」でやってきたけど、核となるはずの「和魂」とは何だということになってしまった、と語っています（『朝日新聞』二〇〇四年三月五日朝刊）。「和魂洋才」というのは、第五章でふれましたように、日本固有の精神を堅持しつつ、西洋の学問・知識を学びとる、という明治以降の日本人がとってきた日本の伝統文化と西洋文化にたいする対応のしかたのことです。つまり、長年にわたる西洋文化輸入の過程で、日本人には和魂が見えなくなってしまった、というのです。

養老孟司の指摘を「私」のレベルの問題としていいかえてみますとつぎのようになるでしょう。よく生きるためには考えねばなりませんが、ものを考えるときの拠点となる〈わたし〉は明治以降になって輸入して身につけた西洋的な〈わたし〉です。日本人は「私」という自称詞を、西洋的な〈わたし〉と、日本的な〈わたし〉のありかたから誕生した「私」という、二重の意味をこめて曖昧なまま混同して使用しているうちに、日本的な〈わたし〉のありかたが見えなくなってしまったのです。第五章で和辻哲郎をとりあげて、西洋的な教養を身につけた和辻哲郎の、世界（自然）の外にでて、外からそれを眺める〈わたし〉には仏像の内部（＝それを感知しているはずの日本的な〈わたし〉）が見えなくなったという話をしました。和辻はまだ仏像の内部から由来するものを感じとっていますが、さらに進めば、仏像の内部から由来するものがまったく感じられなくなり、仏像をギリシャ彫刻やルネサンス彫刻などと同じようにただ外から眺めるだけということになるでしょう。世界（自然）の外にでて、外からそれを眺めるという西洋的な〈わたし〉を身につけることによって日本の伝統的な〈わたし〉を見失うというのはよく見られる現象です。和辻哲郎はその一例にすぎません。近代主義者桑原武夫も同様なのです。そのことから、俳句を二流の芸術にすぎないという非難も生まれてくるのです。

わたしたちが身につけた西洋的な〈わたし〉と、もともと身についている日本の伝統的な〈わたし〉は対極的ともいえるほど異質であると、この「おわりに」の最初にのべました。問題はそのように異質な二つの〈わたし〉がわたしたちの内部で異質なまま放置されているということにあります。数年間、日本で生活した経験をもつカール・レーヴィットというドイツ人の哲学者が、日本人の精神の構造を階段のない二階建ての家にたとえているという話を第五章で紹介しました。西洋的なものが二階にはなんでもそろっている、一階は日本的な感性の領域である、その一階と二階とをむすぶ階段がないというのです。いいかえますと、わたしたちが身につけた西洋的な〈わたし〉は、いまだ日本的な感性の領域に根をおろしてはおらず、根無し草の状態にあるということになります。そのことから、西洋的な〈わたし〉を身につけることによって日本の伝統的な〈わたし〉を見失うということも生じてくるでしょう。身につけた西洋的な〈わたし〉は、根拠をもたない（＝根無し草の状態にある）ことによって、日本の伝統文化のなかで、断片的で非連続なしかたで、自由自在に移行することができるからです。自由自在に移行する西洋的な〈わたし〉の眼、すなわち、世界（自然）の外にでて、外からそれを眺める眼、にさらされ続けることによって、世界（自然）の内部がしだいに見失われていくのです。また、身につけた西洋的な〈わたし〉を違和感なく日本語の自称詞の「私」と同一視してしまうという「私」（という自称詞）の無自覚な使用も、西洋的な〈わたし〉が自由自在に移行するという特性によって可能になります。

カール・レーヴィットがいう階段を二階と一階とのあいだにもうけるにはどうしたらよいのでしょうか。そのためには、身につけた西洋的な〈わたし〉と、もともと身についている伝統的な〈わたし〉とのあいだに連絡をつけることが不可欠であるように思われます。その前提として、二つの〈わたし〉の異質性を自覚することがまず必要でしょう。二つの〈わたし〉に連絡をつける必要性は異質性を自覚することによってはじめて問題となるからです。そして、西洋的な〈わたし〉と伝統的な〈わたし〉とのあいだに連絡をつける（＝架橋する）道は、身につけた西洋的な〈わたし〉を伝統的な〈わたし〉のなかに根拠づけること以外にはありえないように思われます。この本は、二つの〈わたし〉の異質性を自覚するという作業でおわっています。連絡をつけるという架橋の作業は残されたつぎの課題です。

自覚的に生きようとした明治以降の日本人は、異質な二つの〈わたし〉に挾撃されて自己分裂の苦悩を経験しなければなりませんでした。夏目漱石が神経衰弱に苦しんだことは有名です。あまり知られていないかもしれませんが、青年時代の志賀直哉も極度の神経衰弱に苦しんでいます。また、芥川龍之介や太宰治は苦悩のすえにみずから命を絶ちました。そのことは第七章ですでにふれたことですが、漱石や志賀直哉の神経衰弱の原因、芥川や太宰が自殺にまで追いつめられた原因は、分裂した二つの〈わたし〉の葛藤にあったということができるように思われます。それほどつきつめた生き方をしていなくとも、西洋的な〈わたし〉のほうに傾斜して日本の伝統文化を批判する人がいます。また、日本の伝統的な〈わたし〉に寄り添って西洋文化を批判する人もいます。若いころは西洋文化にひたすら傾倒して、年をとってから日本の伝統文化に回帰するというのもよく見られる現象です。若いころの西洋文化への傾倒の度合が甚だしかった人ほど、その反動で、日本の伝統文化への回帰のしかたが情熱的だったりします。

西洋的な〈わたし〉と日本の伝統的な〈わたし〉とが乖離していることによって、このような悲劇的な、あるいは、喜劇的な現象も生じるのです。しかしながら、このような悲劇や喜劇はすでに古典的なものになってしまったのかもしれません。さきほど、日本は、長い間、「和魂洋才」でやってきたけど、核となるはずの「和魂」とは何だということになってしまった、と養老孟司が語っていることを紹介しました。日本の伝統文化（和魂）を見失えば西洋文化（洋才）も見えなくなります。何故ならば、自分自身が何ものであるかを知ることなくしては、相手を理解することもできないからです。つまり、現在では、日本の伝統文化を見る〈わたし〉も西洋文化を見る〈わたし〉も見失われてしまったのです。時代の基底をしらじらしい感覚が覆うようになったのは一九七〇年代にはいってからのことでした。時代に敏感に反応する若者たちは「シラケの世代」とよばれました。そして、現在は、まじ・ことばの氾濫です。「えー？　まじぃ？」、「まじかよー！」などといういいまわしは、自己喪失と現実感の稀薄化の結果生じている、世界が不可解と化したとまどいを表明する日本の若者たちの擬態語ではないでしょうか。

わたしたちの精神の内部に存在する二つの〈わたし〉の架橋に成功すれば、現代の日本人としてのわたしたちのありかたの真実を自覚することができるように思われます。それは、異質な二つの〈わたし〉に引き裂かれて神経衰弱に苦しんだ夏目漱石や青年時代の志賀直哉、異質な二つの〈わたし〉の葛藤のなかにひそむ迷路に迷いこんで挫折した芥川龍之介や太宰治などの先人たちの苦渋に満ちた歩みを克服することにもなるでしょう。また、若いときから老年にいたるまで日本人として着実な一貫した生を送ることができるようになるでしょう。

現代は国際化の時代です。国際化の時代に生きるというのは、グローバルな関係のなかで自己を持して生きるということです。自己のありかたについての自覚がまずなければ自己の持しようがありません。現代の日本人として自己を自覚するというのは、自己の内部の西洋的な〈わたし〉(＝西洋文化)と日本の伝統な〈わたし〉(＝日本文化)のいずれをも、絶対化するのではなく、相対化できるということにあるでしょう。西洋的な〈わたし〉(＝西洋文化)を絶対化することも、日本の伝統的な〈わたし〉(＝日本文化)を絶対化することもなく、それぞれの〈わたし〉(＝文化)を相対化できるようになることによって、新しい日本人も可能になるように思われます。また、みずからの内なる二つの〈わたし〉(＝両文化)を相対化できるようになってはじめて、アジアの人間としての自分の姿も明確に見えてくるのではないでしょうか。

あとがき

本書のもとになったのは、愛知大学国際コミュニケーション学部でこの数年間続けてきました半年間の講義「比較文化論Ⅰ」の原稿です。講義をしながら学生の反応を確かめつつ原稿に手をくわえてきましたが、一応の完成をみた気がしますので、刊行することにしました。

多い年には二百名を超える学生がいましたが、ほとんど雑談することもなく、真剣に聞いてくれたことに感謝しています。この本は一種の公開講義であるともいえるでしょうが、わたしとしましては、受講してくれた学生たちとの共同作業の結実の公開であると思っています。受けとめてくれる学生たちがいなければ、このような本ができあがることはなかったでしょうから。

もうずいぶん昔のことになりますが、若いころに、業務（Geschäft）としての人生ではなく、行為（Handlung）としての人生を生きよと語っているニーチェの文章を読んだことがあります。教師という職業についてからも、自分の人生はもちろんですが、学生にたいしても、業務のための知識ではなく行為のための知識を大切にしようと心がけてきたつもりです。

学生が主催する昨年度の授業評価の総括で、わたしの講義を「わかりやすくて、奥がふかくて、新鮮だ」と評してくれました。「わかりやすくて、奥がふかい」という評価もうれしかったのですが、「新鮮だ」という評価はことのほかうれしく感じました。若い学生たちが、みずからの生きる現場で講義をうけとめてくれたことを確信できたからです。

この本でわたしが心がけたことは、日本文化と西欧文化を対象として考察するのではなく、みずからの内部の問題として二つの文化の本質を自省してみようということでした。それを〈わたし〉という主体に照準して行なったつもりです。つまり、明治時代以降に受けいれた近代的自我（近代的な〈わたし〉）というものがどのようなものであるのか、また、それと対比させることによって日本の伝統的な〈わたし〉というものがどのようなものであるのか、できるだけわかりやすく話してみようとしたものです。比較文化論を語りながら、現代の日本人としてのものを見る・ものを考える拠点としての〈わたし〉の現場に立ち合ってもらいたいという意図をそこに込めたつもりです。

わたしがこの本でいいたかったことは、簡単にいえば、現在の日本人は、〈わたし〉（英語のI、フランス語のje、ドイツ語のichなど）と「私」とを混同しているということです。現在の日本の文化の混乱を生み出している根本的な原因は、わたしたちがものを見たり、ものを考えたりするときの拠点として働く〈わたし〉と「私」との混同にあるように思われます。〈わたし〉と「私」とは異質なものであり、日本人の〈わたし〉は「私」のなかにいるのではなく、「私」の背後に溶けこんでかくれており、そうすることによって「私」を成り立たせているというのがこの本の主張するところです。現在の日本人は西洋から輸入して身につけた〈わたし〉と、状況（自然）のなかに溶けこんでかくれている〈わたし〉という二つの〈わたし〉をもっており、そのあいだに連絡をつけることなく、無自覚なまま二つの〈わたし〉のあいだを行き来しているのではないでしょうか。

みずからの思考のありかたを自明のものとして疑いをいだくことのない人からは、この本で試みた作業が、学問的（科学的、客観的）でないという批判がでてくるかもしれないということは予想しています。そのような批判にたいしては、「はじめに」と「おわりに」ですでに簡単にのべておきましたから、ここではくりかえしません。そのような人は、みずからのものを見る・ものを考える〈わたし〉そのものが問題となることがなく、この本の内容を、相変わらず、ただ対象化して眺め続けるだけでしょう。しかしながら、みずからのものを見る・ものを考える〈わたし〉そのものを検討する作業は、〈わたし〉そのものを反省的思考によって対象化せざるをえないのは確かです。すると、その対象化する拠点としての〈わたし〉はどうなるのだという反論が当然でてくるでしょう。そのような反論も予想しながら本書の考察をすすめてきたつもりですが、ここでは一言だけ、この作業を行なうにあたって念頭にあったのは、西田幾多郎の初期の自覚という立場であったとお答えしておくことにします（西田幾多郎『自覚に於ける直観と反省』一九一七年）。本書は哲学書ではありませんから、方法というほど洗練されたものではなく、素朴なものにすぎませんが、西田幾多郎が、直観はもちろん反省（反省的思考、対象的思考）をも自覚のなかに基礎づけようとしたこの立場は大変示唆的です。

原稿を完成するまでに多くの方々にさまざまなしかたでお世話になりました。皆様にお礼を申し上げたいと思います。とくに、東京大学大学院総合文化研究科教授村田純一氏は、お忙しいところを丁寧に原稿を読んでくださり、貴重な助言をしてくださいました。村田氏の助言のおかげで内容がずいぶんとすっきりしたものになったような気がします。ありがとうございました。

本書がこのような形で書物として刊行されるのは新曜社編集部の渦岡謙一氏のおかげです。理解ある編集者に出会えた幸運の喜びとともに、緻密な編集の労を執ってくださいました渦岡氏には心から感謝しております。また、高橋直樹氏には校正の作業で大変お世話になりました。ありがとうございました。

このささやかな本を妻の悦子に感謝の思いをこめて贈りたいと思います。

二〇〇七年九月二十九日

新形信和

付記

本書の第五章の一部は「精神の日本的構造」と題して愛知大学文学会『文学論叢』第五六・五七輯（一九七六年十一月）に発表した文章の一部を全面的に書き直して、また、補論の第二章は「二つの懐疑——西田幾多郎とデカルト」と題して、同雑誌、第一二八輯（二〇〇三年七月）に発表した文章を書き直してできたものであることをお断わりしておきます。それ以外の文章は書き下ろしです。

(24)「洛中洛外図」の拡大図（部分）：『日本美術全集第 15 巻　永徳と障屏画』講談社、1991 年。
(25) 雪舟「四季山水図　夏景」：『日本美術全集第 13 巻　雪舟とやまと絵屏風』講談社、1993 年。
(26) デューラー「自画像」（部分）：『グランド世界美術全集第 13 巻　デューラー／フアン・アイク／ボッシュ』講談社、1976 年。
(27) 喜多川歌麿「高名三美人」（部分）：『浮世絵大系 5　歌麿』集英社、1975 年。
(30)『東京物語』：『小津安二郎作品集Ⅳ』立風書房、1984 年。
(31) 広目天像：『魅惑の仏像 6　四天王』毎日新聞社、1986 年。
(32) 不動明王座像（東寺）：『日本美術全集第 6 巻　密教の美術　東寺／神護寺／室生寺』学習研究社、1980 年。
(33) 千手観音立像（唐招提寺）：『日本美術全集第 4 巻　天平の美術　南都七大寺』学習研究社、1977 年。
(34) ケルン大聖堂： PUBLICON KUNSTKARTE, Photo: Rudolf Barten, Publicon Verlagsgesellschaft。
(35) ケルン大聖堂内部： Willehad Paul Eckert; KÖLN —— Stadt am Rhein zwischen Tradition und Fortschritt, Du Mont, 1979。
(36) ケルン大聖堂平面図： Arnold Wolff; DER KÖLNER DOM, Müller und Schindler, 1977。
(37) 浄瑠璃寺本堂：『全集日本の古寺第 8 巻　京の浄土教寺院』集英社、1984 年。
(38) 浄瑠璃寺本堂内部：同上。
(39) 浄瑠璃寺境内図：『大和古寺大観第 7 巻　海住山寺・岩船寺・浄瑠璃寺』岩波書店、1978 年。
(40)「阿弥陀二十五菩薩来仰図」（部分）：『日本美術全集第 7 巻　曼荼羅と来仰図』講談社、1991 年。
(41)「山越阿弥陀図」（禅林寺）：同上。
(42)「山越阿弥陀図」（金戒光明寺）：同上。
(43) 浄土寺阿弥陀三尊：『魅惑の仏像 20　阿弥陀三尊』毎日新聞社、1987 年。
(44)「神の眼」（ロレンツォ・ロット）： Mauro Zanchi; LORENZO LOTTO E L'IMAGINARIO ALCHEMICO, Ferrari Editrice, 1997。
(45)「神聖寓意図」（ヤン・プロヴォ）：フランシス・ハクスリー『眼の世界劇場』高山宏訳、平凡社、1992 年。
(46)「神の眼」（ウイーンのザンクト・ミヒャエル教会の内陣天井）：筆者撮影、1998 年。

図版出典一覧

（1）桂離宮の見取図：『桂離宮——空間と形』岩波書店、1983年。
（2）ヴェルサイユ宮殿の見取図：PUTZGER HISTORISCHER WELTATLAS, Cornelsen-Velhagen & Klasing, 1979。
（3）桂離宮の庭園の写真：（1）と同じ。
（4）ヴェルサイユ宮殿の庭園の写真：『ヴェルサイユ　魔法の庭園』テレビ東京メディアネット、2001年。
（5）カールスルーエ宮殿の見取図：（2）と同じ。
（6）カールスルーエ宮殿の写真：DAS GROSSE SHELL REISEBUCH DEUTSCH-LAND, Mairs Geographisher Verlag, 1979。
（7）「洛中洛外図」：『国宝上杉家本　洛中洛外図大観』小学館、2001年。
（8）桂離宮の庭園の池のなかの天橋立：大橋治三『日本の庭　形と流れ』下、クオレ、1999年。
（9）「天橋立図」（部分）：『日本美術絵画全集第4巻　雪舟』集英社、1976年。
（10）四腰掛：『日本美術全集第19巻　近世宮廷の美術　桂／修学院と京都御所』学習研究社、1979年。
（11）中心窩：村上元彦『どうしてものが見えるのか』岩波新書、1995年。
（12）ポジション・センサー：池田光男『眼はなにを見ているか——視覚系の情報処理』平凡社、1988年。
（13）マッハのスケッチ：Ernst Mach; ANALYSE DER EMPFINDUNGEN, Wissenschaftliche Buchgesellschaft, 1987。
（14）「絵因果経」（部分）：『日本絵画史図典』福武書店、1987年。
（15）「アダムとイヴ」（部分）：『グランド世界美術全集第9巻　ヨーロッパ中世の美術』講談社、1977年。
（16）「樹下美人図」：（14）と同じ。
（17）小林古経「浴女」：（14）と同じ。
（18）「聖マタイ」：（15）と同じ。
（19）マサッチョ「三位一体」：Alison Cole; PERSPEKTIVE, Belser Verlag, 1993。
（20）ブルネレスキの洗礼堂の実験：マネッティ『ブルネッレスキ伝』浅井朋子訳、中央公論美術出版社、1989年。
（21）デューラーの銅版画：（19）と同じ。
（22）ダ・ヴィンチ「受胎告知」：BRUTUS、No.614、2007年4月15日号。
（23）ダ・ヴィンチ「最後の晩餐」：（19）と同じ。

や　行

ら　行

わ　行

は　行

ま　行

な　行

た　行

さ　行

索　引

著者紹介

新形信和（にいがた のぶかず）

1940年、熊本市に生まれ、福岡市で育つ。

1968年、京都大学大学院文学研究科修士課程修了。

現在、愛知大学国際コミュニケーション学部比較文化学科教授。専門は比較思想、比較文化論。

著書：『無の比較思想——ノーヴァリス、ヘーゲル、ハイデガーから西田へ』（ミネルヴァ書房、1998年）、『日本近代哲学史』（共著、有斐閣、1976年）、『懐疑への誘い』（共著、北樹出版、1998年）。

日本人の〈わたし〉を求めて
比較文化論のすすめ

初版第1刷発行　2007年11月22日©

著　者　新形信和
発行者　塩浦　暲
発行所　株式会社 新曜社
〒101-0051 東京都千代田区神田神保町2-10
電 話(03)3264-4973㈹・FAX(03)3239-2958
URL　http://www.shin-yo-sha.co.jp/

印刷　銀　河　　Printed in Japan
製本　イマヰ製本
ISBN978-4-7885-1077-7 C1010